岭南摄生录

郑洪 著

南方日报出版社
NANFANG DAILY PRESS
中国·广州

图书在版编目（CIP）数据

岭南摄生录 / 郑洪著. — 广州 ：南方日报出版社，2014.6
ISBN 978-7-5491-0988-3

Ⅰ. ①岭… Ⅱ. ①郑… Ⅲ. ①文人－生平事迹－中国 Ⅳ. ①K825.4

中国版本图书馆 CIP 数据核字(2013)第 270590 号

岭南摄生录　　郑洪 著

出版发行：南方日报出版社
地　　址：广州市广州大道中 289 号
电　　话：（020）83000503
经　　销：全国新华书店
印　　刷：广州市怡升印刷有限公司
开　　本：787 mm×1092 mm　1/16
印　　张：13.5
字　　数：160 千字
版　　次：2014 年 6 月第 1 版
印　　次：2014 年 6 月第 1 次印刷
定　　价：32.00 元

投稿热线：（020）83000503　读者热线：（020）83000502

网址：http://www.nfdailypress.com/index.html

发现印装质量问题，影响阅读，请与承印厂联系调换

目录

Contents

修生篇：仙踪佛迹 / 041

达生篇：岭南风流 / 081

扶生篇：医药移俗 / 121

前言

天地是有厚薄的。君不见，浩翰宇宙，至今还找不到另一个适合人类居住的地球？就说地球，也是寒温腴瘠，五洲不同。不过还好，至少地球上还没有哪一片地方让生命完全无法存活，连深海火山都会有生物存在。但是，在条件艰苦的地方生存难免要多一些付出。国外有个研究，发现文明古国大都发源于北纬30度左右的温带地区。想想并不奇怪。太冷或太热的地方，人的精力都花在如何对抗环境上了，也许就少了仰望星空思考文明的兴趣和时间。

在中国，华夏文明的主流也是诞生在北温带的中原。开发较迟的南北地区，则分别被冠以蛮、夷的称呼。而最南端的岭南，由于气候炎热，疾病众多，又被称为“瘴疠”之地。有学者说，“南蛮”和“瘴疠”其实是“文化中心主义”加于岭南的歧视名称。此说有其依据，但也不必否认客观上曾有的差异，例如岭南湿热又有“瘴疠”，古人说“去者多死”。固然有所夸大，但古代南来的人特别注意养生防病，这确实也是一种值得研究的现象。现在情况有很大变化，但影响尤存，我们应当探寻其蜕变的轨迹。

现在的岭南人仍很注重养生，市面上各类热销的食疗汤谱不可胜数，师奶们到不同时令就会煲不同的汤水。岭南人对此习以为常，但外人看来难免好奇。有外国人较真地问：为什么要这样？有什么根据？应该承认，大多数养生方法我们目前没有实验数据。但是我们有实践历史，我们自己就是小白鼠，亲身体会非如此不可，经过历史沉淀这已成为一种文化。外国人倒是很尊重文化，可还是会“一根筋”地问：什么时候开始的？有多久了？我有时觉得，这种思维也值得中国人学习。我有许多同事在致力于对养生的科学研究，那还需要长期的努力。而从文化的角度，我们也不应止于答一句“阿妈教落”（粤语，祖辈相传之意）。找找它的历史根据，把来龙去脉讲清楚，岂不更好？

《南方都市报》给了我一个空间，一年来以“岭南摄生录”的名义陆续写了100期的专栏。虽然谈养生，但栏名却用了“摄生”这个生僻一点的词，主要是因为后者含义更广，这在开栏时已经提及。结栏后承南方日报出版社抬爱，嘱结集出版，于是在整理时将文章归类，分成害生、修生、达生、扶生、全生五编。编目这些词，含义其实也都涵盖在“摄生”里了。

《岭南摄生录》是一本从历史和文化视角讲述关于岭南医药与养生的“古仔”（粤语即故事）集。内容尽量注明出处，不少地方直接引用原文再略加解说。有的读者可能不习惯读古文，其实跳过去也无妨。很多内容虽未必严密考证过，但作为谈资，或许可使人更直观地感受岭南文化的某些侧面。

作者

2013年10月

害生篇：瘴地难老

知生也者，不以害生，养生之谓也。

——《吕氏春秋》

瘴地难为老，蛮陬不易驯。土民稀白首，洞主尽黄巾。

——白居易《送客岭南二十韵》

瘴气独盛于广南。

——赵佶《圣济总录》

岭南气候比北方炎热潮湿，外乡人到来容易得病甚至死亡，所以古人将这里称为“瘴地”。上面白居易的诗说，岭南蛮夷边远之地（陬：角落）十分可怕，人们甚至活不到头发白的年纪（“稀白首”）。

有这么可怕吗？白居易并没有来过岭南，他的诗是根据传闻写的，不免夸大。其实，造物主还是公平的：南方固然气候炎热，但也资源丰饶，作物丰收；而中原虽然气候宜人，却经常人祸频仍。所以千百年来，总有一波波的移民万里南下，前来岭南。

不过，天地无私，雨露阳光并非仅为人类而降，岭南同样繁衍着许多比人类更适应环境的虫兽和病菌。它们带来疾病，甚至“瘴疠”，这或许是病菌与人类竞争的一种形式。所以对人来说，岭南比中原多了不少热带地区的“害生”因素，需要在漫长历史中逐步认识、克服和适应。

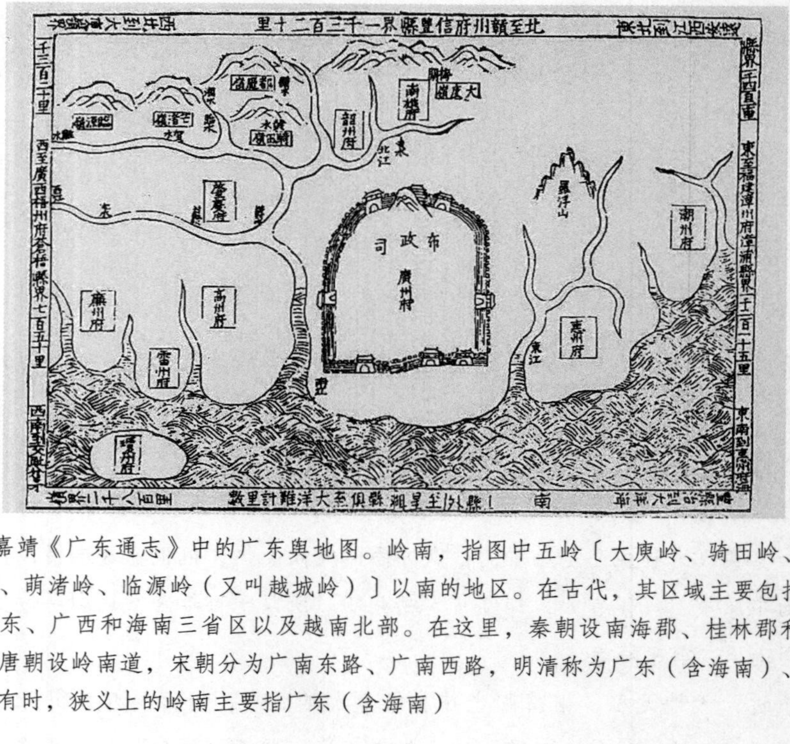

◉明嘉靖《广东通志》中的广东舆地图。岭南，指图中五岭〔大庾岭、骑田岭、都庞岭、萌渚岭、临源岭（又叫越城岭）〕以南的地区。在古代，其区域主要包括现在广东、广西和海南三省区以及越南北部。在这里，秦朝设南海郡、桂林郡和象郡，唐朝设岭南道，宋朝分为广南东路、广南西路，明清称为广东（含海南）、广西。有时，狭义上的岭南主要指广东（含海南）

老不入粤

古来有话说：“少不入川，老不入粤。”何以“老不入粤”？有人说，广东是拼搏发达的地方，老年人不适合；也有人说，广东美食多，老年人来了难以节制，不利身体……富裕和美食，都是现代人心目中的广东特色。可是对于古代人来说，“老不入粤”其实是担心去了回不来。

广东这个地方，在明以前，实在不能给人好印象。历史上，这里一直以蛮烟瘴雨著称。“瘴病”、“蛊毒”、巫师鸡卜、奇怪食俗……撇开其中某些不靠谱的传说，大多数确实反映了这里自然条件艰苦，热带疾病多发，人的生命健康易受威胁的情况。

因此在岭南，须得注意摄生。什么叫“摄生”？“摄”这个字包含了“养生”的“养”（对内）和“卫生”的“卫”（对外）两重意思。在岭南生活，还真是得里外注意呢。因为岭南环境气候的特殊性，稍不注意就容易健康失调。

古代岭南地区的开发，主要是由中原文化推动的。文化传播靠人，但是岭南的环境往往令岭北人士望而生畏。虽然不少人还是随着政治、经济、文化等时代洪流而“入粤”，但可谓备尝艰辛。人们不得不于开荒营生中，学会趋避“瘴气”，在山林耕猎时，品尝药性治病。他们面对的健康威胁，远比其他地区要多，通过两千多年的经验积累，慢慢发展出适合这里的特色医药和摄生方法，才克服了瘴毒疾患，发展文明。正史只讲经济文化发展等荦荦大端，先贤祠只纪念开拓教化的伟人，却经常忘记这样一条暗线。

环境可以磨炼生活，造就文化。由于在烈日暑湿下劳作，需要凉茶清热祛湿防身；长年四季操劳无间，懂得汤水调补不可或缺……慢慢地这些就成了文化。今天初来广东的人们仍会好奇地见到，这里的人一边吃煎堆一边喝凉茶，这里的主妇煲的靓汤总有药香。这样的传统，其实正是历经千百年的岭南摄生经验的凝聚。本来生老病死比衣食住行更重要，只是作为话题未免显得沉重，佛教说生老病死是人生四苦，一般人谁愿意在享受舌尖快感的同时，去留意舌苔厚薄呢？不过岭南的神奇就在于，它在历史进程中将饮食与摄生融为了一体，变成生活的一部分。

所以，广东从蛮荒走到繁盛，比其他地区更为不易。在摄生将养之中，“老不入粤”终成历史。这里面的故事，说来话长。

暑湿岭南

“犯强汉者，虽远必诛！”（《汉书·陈汤传》）

汉代陈汤这句话，经电视剧《汉武大帝》一播变得家喻户晓。可是那时的“强汉”，也曾拿岭南没办法。去南越王墓看看就知道，一个表面称臣的诸侯国主，他的后代还敢刻印自称“文帝”，死后丝缕玉衣，全是非分僭越的行径。“武帝”赵佗在位时就更可想而知了。当时赵佗除了北控五岭的有利地形之外，还有一个重要的依靠，就是疾病。

刘邦在位时跟赵佗还算是相安无事的。刘邦死后吕后当政，对赵佗看不顺眼，下令封锁南越。女人有时候的确不能得罪，吕后使的手段很绝，除了铁器农具不得向南越国输出外，更下令牲畜卖给南越国时只卖公的不卖母的。把赵佗逼急了，出兵北上攻击长沙，吕后当即派大将率兵讨伐。然而《史记》说：“会暑湿，（汉军）士卒大疫，兵不能逾岭。”就是说这支讨伐大军到了南方，在湿热的气候下由于传染病流行，失去战斗力，根本无力攻入岭南。赵佗放胆称帝，威震一时。

疾病影响岭南政治军事，并不止一次。汉武帝时期武力强盛，但仍在岭南一带损失惨重。当时南海王造反，被汉军降伏，不久再次造反，汉军再征战时，“会天暑多雨，楼船卒水居击棹，未战而疾死者过半”，这带来了“亲老涕泣，孤子啼号，破家散业，迎尸千里之外，裹骸骨而归。悲哀之气数年不息，长老至今以为记”（《汉书·严助传》）的惨痛记忆。一提起对南方用兵，朝中大臣就要讲这件事来劝阻，全不像北击匈奴那般同仇乱忾。

当然令赵佗偏安一时的这个依靠，并不是他能随心所欲控制的。所以元鼎六年（公元前111年），汉武帝调集10万楼船水师，终于扫灭南越，平定了岭南。但是在前面几次有损颜面的征伐中，岭南多疾已经给中原王朝留下了深刻的印象。

◉广州南越王墓出土的“文帝行玺”印。使用者是赵佗的孙子赵眜，南越国第二代皇帝。这个印是目前发现的最早的中国帝王印——尽管是自命的“帝”

那时候岭南暴发的是什么流行病？而且这种病好像对北方军队影响更大，岭南士兵的战斗力没有受到同等的损失。现代医学家曾有诸多猜测，但毕竟事隔两千多年，真实情况无从确证。值得注意的是，《史记》和《汉书》都特别注明，大疫发生跟“暑湿”“天暑多雨”有关。古代还没有微生物知识，那时候都是将自然条件与疾病后果直接联系起来的，于是认为“暑湿”正是大疫的原因。可是岭南向来就是长年炎热多雨之地，客观条件不能改变，那么说起来，在该地碰上疫病即使不是必然，也是概率很大的了。也就是从这时候起，岭南几乎成为疫区的代名词，被写入了历史。

瘴气初现

人称岭南“蛮烟瘴雨”，那么“瘴气”到底是个什么东西？

最早碰上“瘴气”的是东汉伏波将军马援。话说东汉光武帝建武十六年（40年），交趾郡（今越南境内）首领征侧、征贰反叛，占据了九真、日南及合浦等郡65城。东汉光武帝刘秀封马援为伏波将军，命其出师南伐交趾。这一出征留下了正史里有关“瘴气”的最早记载。

交趾郡较之南海等地更为偏远，马援出征之前，就听说了南方“瘴气”的危害，《后汉书》说他“出征交趾，土多瘴气，援与妻子生诀，无悔吝之心”。他都做好了回不来的准备了，跟妻子交代起后事来，怕的不是叛军，却是“瘴气”。后来马援率水陆两路大军沿海而进，历经苦战，终于平息了叛乱。但是“军吏经瘴疫死者十四五”（《后汉书·马援传》），而且损折了大将，一同出征的楼船将军段志病故。

马援亲眼目睹了瘴气的可怕：“下潦上雾，毒气重蒸，仰视飞鸢，跕跕堕水中。”（《后汉书·马援传》）那到底是一种什么毒气？其实，北方军队来到热带雨林，所见到处雾气弥漫，未免心生畏惧，加上炎热潮湿，极不适应，当部队大面积得病时，很容易将疾病的原因归咎于这种气候。稍微考证一下，史书有些版本是将“瘴气”写成“障气”的，指的本来是潮湿环境下气流不畅的状态，此时人体那种不舒适的感觉，在广东雨季我们经常可以亲身体验到。古人认为它就是致病的原因，所以后来直接改了偏旁，写成了“瘴”字。

马援能从南方全身而还，在于依靠当地人提供的一种药物，那就是薏苡仁，即广州人常说的苡米。史书说：“（马）援在交趾，常饵薏苡实，用能轻身省欲，以胜瘴气。”薏苡仁能健脾去湿，还真是对付南方湿热的好药，而且性味平和，经常食用也不怕。现在南方还经常用它来煲汤、煲粥、煲糖水，这也许正是当年流传下来的经验。

不过马援没想到的是，薏苡仁虽救了他，却又几乎毁了他的名节。话说班师回朝之时，马援很舍不得薏苡仁良药，特地挑了一车粒大饱满的带回京师，想看看能否在北方种植。见过的都知道，薏苡仁圆圆白白，远看很像珍珠，结果很多京城权贵都传说马援载一车珍珠回来，羡慕不已。当时马援正风光回朝，无人敢说。后来马援一病死，立刻被人举报，“揭发”他在南方抢掠贪污。光武帝大怒，立即追缴封赏给马援的新息侯印，家人害怕得不敢举行葬礼，亲友也无人敢来吊唁。直到后来多次申冤，光武帝才明白过来，允许重新举葬。

说到底，马援还是受了“瘴气”之害。

含沙射影

2012年，媒体报道广州发生了好几例恙虫病，病人都是在公园中不经意地染病，一时令人对去公园游玩也不放心起来。

说到恙虫病，它现在成了广东人生活中小小的阴影；但也可说曾是广东人的“骄傲”，因为广东是全世界最早发现本病的地方，而且时间在1700多年之前。

晋代葛洪来到岭南，首次记载这里有一种“沙虱”病，源于一种小虫叮咬。虫子极小，肉眼难以看到，人们到水里洗澡或在潮湿地面上行走，就会被它钻入皮里。开始只是发现身上有黍米大的小点，三天之后就浑身疼痛、发热，严重者会致死。葛洪的描述与恙虫病的传播媒介恙螨幼虫相似，为世界最早。西方要到1500多年后，美国医生帕姆才开始记录这种病。

问题是，在古代这种病带来的恐慌更甚于今天。古人说，即使你不行人水里，也免不了得病。为什么呢？话说南方有一种小虫，名曰射工，它的嘴唇构造就如同弓弩，当有人来到水边，射工看到人影，就会瞄准来人射出含有沙虱的水箭，中人即病，后来进而传说被射中影子也会得病——成语“含沙射影”，指的就是这件事。

于是，在岭南提防射工和沙虱又成为一个令人精神紧张的任务。唐朝诗人柳宗元来岭南，船行江中，总感觉周边被无数射工包围，加上时不时有台风影响，写诗感叹“射工巧伺游人影，飓母偏惊旅客船”（《岭南江行》）。另一位大诗人刘禹锡流寓岭南，想了一个巧妙的法子：“夜渡千仞溪，含沙不能射”（《莫瑶歌》）——射工不是要看到影子才发射吗？我晚上过河，你看不见，射不着了吧！

不过光避开水路还不行，曾任唐代宰相的李德裕政争失败，被贬岭南崖州，他愁绪满怀说：“岭水争分路转迷，桄榔椰叶暗蛮溪。愁冲毒雾逢蛇草，

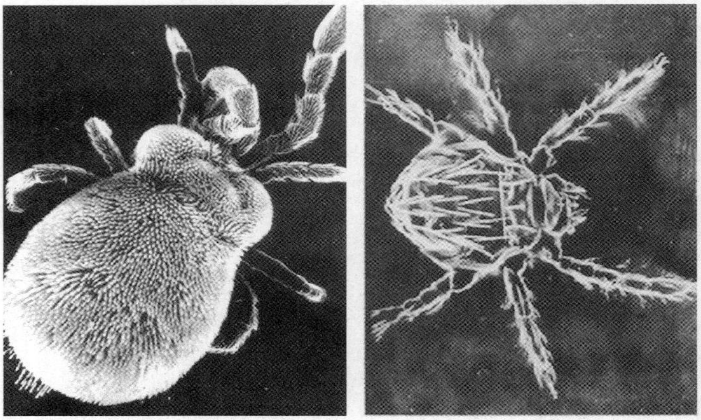

◉现代拍摄的恙螨（左）及其幼虫（右）。这种昆虫在炎热潮湿的南方广泛存在，其幼虫长不到1毫米，细如砂粒，肉眼难以看到，葛洪能发现它实属不易。幼虫以叮咬人或动物为食，成为传播恙虫病的载体

畏落沙虫避燕泥。”（《谪岭南道中作》）意思是说，就算在陆路上走，天上燕子衔泥飞过，掉下来落到人身上，里面也有可能含有沙虱虫致人疾病。这真是防不胜防了。

文人一味恐慌也不是办法，其实看看葛洪的医书，里面已经教了很多预防和治疗的法子。例如在山涧入浴的话，出来时一定要用毛巾擦身数遍，如果发现某处刺痛，那要注意有没有疹点，有的话要想办法用针挑开。另外可以用药物预防，例如把蛇莓的根研成药粉，在入水前先撒些到水里，可以把射工赶走；即便将水挑到家里洗澡，也要先撒这种药粉来“消毒”。其他还有各种针灸、药物等治疗方法。

岭南脚弱

远离国家政治与文化中心的古代岭南，能在当时的社会话语中引起持续关注的，很多时候还真是靠疾病。

除了瘴病，还有一种流行病也打着岭南烙印。晋朝时中原动乱，大批移民南来，不料来到岭南之后，很多人开始得一种脚部疾病，有的四肢麻木酸痛，行走困难，有的双脚水肿，严重的可以一直肿到腹腔。古人认为这是正气受伤，称此病为“脚气”——不是今天俗称的香港脚——也叫“脚弱”。

葛洪说：“脚气之病，先起岭南。”（《肘后备急方》）而且得病者主要是上层的“衣缨士人”。这是为什么呢？现代知道这是一种维生素B_1缺乏引起的疾病。它其实不是跟岭南水土有关，而是与饮食习惯有关。古代北方人以麦为主食，来到南方改食稻米，稻的维生素B_1含量低于麦，加上贵族们喜欢精制，使米里的维生素B_1损失更多，于是这个病就多起来了。古人当然不知道什么是维生素，但也发现了多吃粗粮有助于防治此病，像葛洪就建议病人多吃豆类食物。

按药王孙思邈的记载，晋朝时对这个病的治疗，主要仰仗两位居住在广州的外国僧人支法存和仰道人，“晋朝仕望，多获全济，莫不由此二公”（《备急千金要方》）。支法存前面的“支”字，可能暗示他是来自古代月支国的族人，生长于广州，“妙善医术，遂成巨富”。支法存凭着给“晋朝仕望”也就是有钱贵族看病富到什么地步呢？据说拥有“八尺毾登（地毯），光彩耀目，作百种形象。又有沉香八尺板床，居常香馥”。这些引来贵族公子王邵之的觊觎，多次索取，支法存拒绝。可是王邵之他爸是广州刺史王淡啊，后来轻而易举地给支法存安个罪名，“乃杀而籍没家财焉”（刘敬叔《异苑》）。与华佗被曹操所杀一样，支法存的著作也没有流传下来，医术失传了。

但中国本土的医生研究脚气也有成绩，其中有一位唐代潮州刺史唐临就很有名。唐临是长安人，历官刑、兵、吏、度支四部尚书，后来贬任潮州刺史4年，卒于当地。他写成《脚气论》一卷，全面地介绍了预防和治疗脚气的经验。里面有一条治疗重症脚气“极验”的处方，使用岭南常见的药物槟榔、生姜、橘皮、紫苏、木瓜等，正是中医后世治脚气的常用名方“鸡鸣散”。另外唐临认为在岭南养生特别重要，提醒人们要注意这些事项：不乱发脾气；不大声喊叫；不要冷水洗脚，冬天腿脚要特别保暖；每天锻炼，方法是坐在床上，伸两手去够两足，从脚趾按到脚心，并用力蹬脚——这个动作有点难度，但很锻炼腰腿。

还有一个带点神秘的招数：看日子剪指甲。逢丑日剪手指甲，逢寅日剪足趾甲，每12日剪一次，可以不伤气，但什么道理唐临没说。大家要不要买本通书试试？

南方多毒

唐代诗人韩愈被贬岭南，有一件头痛的事，就是怕被人下毒。他在诗里说“南方本多毒，北客恒惧侵”（《县斋读书（在阳山作）》），“猜嫌动置毒，对案辄怀愁”（《寄三学士》），整天活得战战兢兢的。

那时的岭南，是以盛产毒物著称的。南方植物繁茂，有毒品种很多，古代最有名的是断肠草，又叫钩吻、胡蔓草、冶葛。此物有大毒，近年还经常看到本地报纸上有人煲汤误放断肠草中毒的报道。晋代嵇含《南方草木状》说，当地人寻仇，就将断肠草混在仇人菜肴里，吃者半日即死。宋代沈括《梦溪笔谈》称之为“人间至毒之物”。

晋唐时期岭南土著居民被称为“俚人”，传说岭南俚人还利用断肠草来制造出各种级别的毒药。唐代《朝野佥载》记载，俚人让奴隶吃断肠草，死后埋到地里，在上面植菌。在腹部位置长出的菌最毒，食之立死；在手足额上部位长出的，吃了只能挨一天；在周边长出的，吃了最多活几天；再远地方的菌，吃了也会慢性中毒，拖得一两月或两三年，终无可活。这种制出来的新毒菌叫作“菌药”，把它沾在马鞭上，拂着身体即中毒，入口则即死。

断肠草这么可怕，宋代周去非特地举此为例，证明岭南是“妖淫之地，多产恶草，人民亦禀恶德”。一种毒物连累一个地区，岭南险恶又多一个证明。

而据记载，“菌药”只不过是岭南俚人所制的五种毒药之一，另外还有不强药、蓝药、焦铜药、金药，分别用矿物、蛇毒等制成。晋代张华《博物志》说，交州的俚人用焦铜作镝，中人即死。这种毒箭到清代《广东新语》还有记载，称“猛虎中之仅三跃”，意思是说猛虎被射中最多跳三下就倒下。估计在古代的地区冲突中，北方人是颇吃过这些毒药武器的苦头的。

这些毒物有没有办法解救呢？其实是有的。一物降一物，《南方草木状》记载有一种“蕹菜”可以解断肠草之毒。传说东汉时曹操担心被人下毒，平时经常少量服用毒物，而且逐渐加量，以使身体具备抗毒能力。有次他当众吃了一尺长的断肠草，安然无事，估计他的敌人听到，自是相信曹操已炼成百毒不侵之身，永远死了下毒之心。其实，那次曹操是事先吃了蕹菜的。

而那五种毒药，岭南俚人也有解药，不过对外称为“三百牛药”或“三百两银药”，听起来昂贵且难得。后来有个岭南刺史席辨，跟俚人首领混熟了，终于偷得解药方，原来也是普通药材，例如有生姜、甘草、常山、黄藤等，这些方被晋代葛洪记到了他的医学著作里，从此岭南毒药就被中原人士破解了。

◉《本草纲目》中的钩吻图。钩吻，又叫断肠草、胡蔓草、大茶药，广泛分布在南方多个省份。具强烈神经毒性，误服几克就会死亡

蛊毒疑云

放蛊这件事，流传了一两千年。岭南在晋代曾经很是流行。晋葛洪的《肘后备急方》记载“人有养蓄蛊以病人”，嵇含也说“交广俚俗多蓄蛊毒”（《南方草木状》）。隋代巢元方在《诸病源候论》书中记述蛊的来源说：“凡蛊毒有数种，皆是变惑之气。人有故造作之，多取虫蛇之类，以器皿盛贮，任其自相啖食，唯有一物独在者，即谓之为蛊。”剩下的最厉害的毒物就叫蛊。蛊的作用是害人，所谓“随逐酒食，为人患祸。患祸于他，则蛊主吉利，所以不羁之徒而蓄事之”。武侠小说里的描述，大多根据这些记载而来。

到底有没有放蛊这回事？曾经看过一些少数民族的田野调查资料，对放蛊都是转相述说，没有具体的调查实例。放蛊害人假如属实，法律应当监管，南北朝时北魏就曾定下一条极严的法律：“为蛊毒者，男女皆斩而焚其家。”（《魏书·刑罚志》）但唐代的法律文书《唐律疏议》却说：“蛊有多种，罕能究悉，事关左道，不可备知。”看来是无从执法。

《说文解字》说：“蛊，腹中虫也。”如果按这个定义，那蛊还是很常见的，其实就是寄生虫病。下蛊的可能不是别人，而是自己。唐代笔记《岭表录异》记载，有种鲶鱼，“广人得之，多为脍。不腥而美，诸鱼无以过也”。脍，就是“鱼生”（生鱼片）。清初屈大均《广东新语》说“粤俗嗜鱼生”，“粤人多有鱼生之会”，甚至说“岭内（指北方人）之人不知此味，不足与言也”。可见广东人吃“鱼生”的习惯，真是历史悠久。但实际上，生鱼片往往有寄生虫，后者进入人体容易发生肝吸虫病。所以如果告诉你这么吃等于给自己下蛊，是不是得考虑下呢？

传说中的“放蛊”，还有一点可怕之处，就是被放者会被放蛊者控制。这就超出了医学的解释范围了。一直很少有人举得出亲身经历的事例，但听得多了，人们宁可信其有。像白居易写诗给岭南的友人，就专门叮嘱说“须防杯里蛊”（《送客春游岭南二十韵》）。

虽然不好下结论说神秘放蛊术是否真的存在，不过留意文献中“蛊毒”区域的历史变化，却有点门道。《隋书·地理志》记录用毒虫制蛊的地区主要是江西各郡，唐宋有关蛊的记载则集中在岭南、四川，到近代则多传说贵州、云南一带少数民族制蛊。规律就是：一、越来越往南方；二、都是当时的相对落后地区。

热带地区寄生虫多，文化落后卫生差，看来疾病才是蛊毒故事的基础。《岭表录异》就说：“岚雾作瘴，人感之多病，腹胪胀成蛊。俗传有萃百虫为蛊以毒人。盖湿热之地，毒虫生之。非第岭表之家，性惨害也。”这里说，不是岭南人天性喜欢去制蛊害人，而是湿热地方本身毒虫多。所以，避免“蛊毒”，还是在于注意卫生。

越岭丧清

人们苦于远行和惧怕疾病，不肯前来岭南，也属人性之常。要根本改变，有待于岭南的医药卫生环境的改善。不过也有例外，晋唐时代也有官员想方设法专门要来岭南当官。

岭南物产丰富，又是重要口岸，各种特产或海外“异物”众多，到了北方每每价值百倍。官员来此任职，山高皇帝远，加上也不知能不能回去，结果很多都成了毫无节制的贪官。《晋书》记载：“广州包带山海，珍异所出，一箧之宝，可资数世，故前后刺史皆多黩货。”这些人选拔时都好好的呀，为什么到了岭南就变坏？史书上称之为“越岭丧清”。有人将原因归咎于水土，例证是去广州会经过一处泉水名叫“贪泉”，饮了泉水的人，贪欲就会永无止境。但晋朝一位广州刺史吴隐之，坚信自己的操守，任职时特地到“贪泉”去饮一口水，立誓“终当不易心”，保持了廉洁，这下洗脱了岭南水土令人贪婪的恶名。

但吴隐之只是个例外，岭南贪官还是多。据记载，在唐代广州都督或岭南节度使中，贪污获罪或以富有著称者，有以下一系列名字：党仁弘、萧龄之、周利贞、路元睿、刘巨鳞、彭果、张万顷、徐浩、路嗣恭、王锷、郑权、胡证、王茂元。

这些贪官怕不怕瘴疾呢？有的怕，例如王茂元。他是大诗人李商隐的岳父，唐太和年间出任广州刺史和岭南节度使。史称他招安当地土著，“颇立政能”，但也贪财，“南中多异货，茂元积聚家财巨万计”。贪得够了，让李商隐给他写了一篇《陈情表》，里头说：“久处炎荒，备薰瘴毒，内摇心力，外耗筋骸。”说在岭南冒着瘴毒为皇上效力，真是以生命为代价啊，建议选任“齿发少臣之年”的少壮官员来代替。但又不想让皇帝觉得他该告老，所以李商隐妙笔一转，跟着说：“虽马援据鞍，尚能矍铄；而班超揽镜，不觉萧衰。”（《为濮阳公陈情表》）拿马援、班超这样的名将来对比，暗示其功绩突出而且精力尚存。同时王茂元大肆花钱买通关系，终于获准到内地转任忠武军节度使，离开岭南瘴地。

也有为了钱不怕瘴患特意前来的，像郑权。他本来在京城任工部尚书，因为“家多姬妾，禄薄不能赡”（《资治通鉴》卷241），小老婆太多养不起了，听说岭南富有，花钱活动当上岭南节度使，前来广州大肆搜刮。韩愈曾给这个人写了一篇文章，说广州“奇物溢于中国，不可胜用”，恭维他“仁而不富”（《送郑尚书序》）。这又成为文学史上一个公案：韩愈这是闭着眼睛说话谄媚权贵呢，还是存心暗讽希望他收手？当时有人给郑权写送别诗，迎合其心意说：“此处莫言多瘴疠，天边看取老人星。”（张籍《送郑尚书赴广州》）说您到岭南准能克服瘴疠，长寿到老。不过不足一年，郑权死于任上，总算没有祸害岭南太久。

◉明万历年间的“贪泉”碑，上面刻有吴隐之的诗。现藏广州博物馆

岚雾作瘴

岭南瘴气的“瘴”字，在《说文解字》里根本没有。以前倒是有“障气”的说法，因为大凡山林屏障之处，总是雾气缭绕。岭南就是这样。那么此地多病，是不是与此有关？“新广州人”对这里抱怨最多的，就是一个“湿”字，湿气弥漫的季节，身体各种不适都出来了。古人也一样，唐代刘恂《岭表录异》说：“岭表山川，盘郁结聚，不易疏泄，故多岚雾作瘴。”岭表就是岭南。这里丘陵起伏湿气不散，人们得病或许与此有关？于是就把“障”字偏旁换掉，有了“瘴”字。

唐朝诗人形容的“瘴”，就都与烟、雾相连，例如郎士元诗“海雾多为瘴”（《送王棽流雷州》），袁不约诗“瘴烟迷月色”（《送人至岭南》）。简单地说，对“瘴气”直观的感受就是湿雾。人们现在热议PM2.5，那是人祸；其实湿气一样伤人于无形，可这是老天的安排。那么总得想办法对抗呀，所以各种祛湿茶成了广东每家凉茶铺必然的主打品种。

《隋书·地理志》说：“自岭以南二十余郡，大率土地下湿，皆多瘴疠，人尤夭折。”湿雾会严重到“人尤夭折”吗？其实伤人的是疾病，但古人认为疾病就是由雾气引起，而严重的流行病如瘴疠，由更特殊可怕的雾气引起。按现在的分析，瘴病主要指疟疾，疟疾不是南方所独有，但南北方发生的类型有所不同。这种不同，古人归咎于地理环境的不同，最直观的就是北方少有的长年不散的湿雾了，所以取名为瘴气。例如晋代葛洪说，有一种“黑雾郁勃”的“山瘴恶气”，会伴着“西南温风”带来瘟疫。隋朝太医巢元方也为岭南的疟疾起了个专门的名字叫“山瘴疟”，说“此病生于岭南，带山瘴之气”（《诸病源候论》）。

疟疾是蚊子传播的，这属现代常识，但对古人来说却是盲区。不仅中国人，西方古代也同样认为疟疾由秽浊湿气引起，都不知道它的真正病因是一种疟原虫。但难得的是，中国早就发现了治疗疟疾的好方法。葛洪的《肘后备急方》记载，有一种叫青蒿的药可以治疗疟疾。现代科学家根据他的提示，用科技手段提取出一种叫青蒿素的药物，具有非常好的疗效，现在已被列为全球一线抗疟药。为此，2006年人们在罗浮山葛洪洗药池畔新立了一块碑，上书“青蒿治疟之源”。

青蒿这味药，广东常用来清湿热，夏季配上金银花等煲凉茶，效果很好。这一点倒是与古人治“瘴”有点相通。

但如果真是疟疾，光祛湿热并不够。而古人虽然知道青蒿有效，但当时未经提炼，不一定能达到完全杀死疟原虫的效果，所以瘴疠之害在文献中还是经常会看得到——

隋炀帝大业六年（610年），虎贲郎将陈棱和朝请大夫张镇周自义安（今广东潮州）渡海出征流求国，“献俘万七千口”，但部队“蒙犯瘴疠，馁疾而死者十八九”（《隋书·食货》）。

云南也有瘴气，白居易记载天宝年间征南诏的情况说：“闻道云南多泸水，椒花落时瘴烟起，大军涉步水如汤，未过十人二三死。”（《新丰折臂翁》）

这些事例继续在为南方“瘴气”的可怕背书，人们还得继续想办法改善岭南生活。

鸡卜占病

岭南人吃鸡是有名的。然而不知你会否留意鸡骨，是否知道它在岭南古代生活中的特殊地位？

早在《史记》中就记载，汉代南越国盛行鸡卜。鸡卜怎样操作呢？张守节《史记正义》说，要用一只鸡和一只狗，在神前祝愿后，杀死它们，煮熟再拜祭，然后取鸡骨察看，上面有孔裂，“似人物形则吉，不足则凶”。这种叫作鸡骨卜。唐代段公路又记载有鸡卵卜，巫师在鸡蛋上画图，祷告后煮熟，然后剖为两片，观察蛋黄来“决嫌疑，定祸福”（《北户录》）。

古代岭南的原住民缺乏成熟的医药知识，有病就是依靠鸡卜来判断后果的。唐代柳宗元来到岭南，发现人们“病且忧，则聚巫师，用鸡卜。始则杀小牲；不可，则杀中牲；又不可，则杀大牲”（《柳州复大云寺记》）。什么是大、中、小牲呢？指各种家禽家畜。据另一本书《朝野佥载》记载：“岭南风俗，家有人病，先杀鸡鹅等以祀之。”病不好，继续杀猪狗以祈之，还不好，则杀牛。如果都好不了，就认为命该如此，会躺在床上，毛巾覆面，安然等死。

杀牛，在古代农业社会是一件大事。唐代《番禺杂记》说：“杀牛祭鬼治病，名毛药。”可见此风颇为盛行。柳宗元在柳州刺史任上致力于纠正这种风俗。他的做法是在当地兴建佛寺，引导人们从迷信走向信仰，“病且忧，其有告焉而顺之”，为人们开讲生死的大道理，使人不再杀牲祈病。但这并没有解决疾病问题。宋代秦观来到岭南，作诗记载说：“粤岭风俗殊，有疾皆勿药……呻吟殊未央，更把鸡骨灼。”（《雷州八首》）可见还在流行以鸡卜问病。

上面说的“灼”鸡骨和看孔裂，可能是将鸡骨用火烧后，据出现的裂纹来决断，这和商代殷墟灼龟甲的方法是一样的。但真正在岭南流行的，其实是另外一套方法，这在《岭外代答》和《桂海虞衡志》有详细记载。

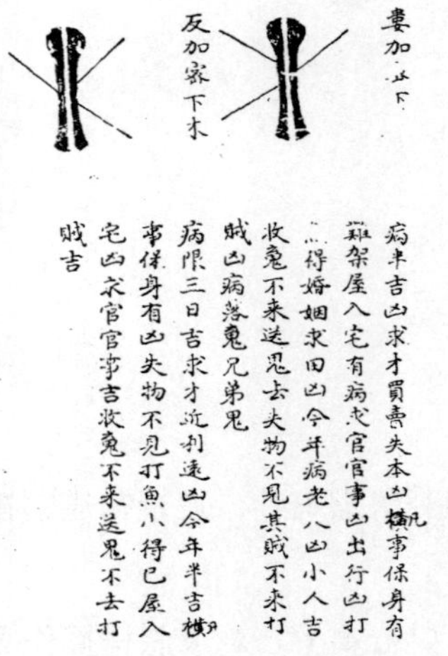

◉《越巫鸡卜》书影。作者为清朝官员黄世发，根据在广西搜集的鸡卜事例，编成此书

这种方法通常用一只小公鸡，焚香祷告后将其杀死，取腿骨洗净，以麻线绑好两骨。这时注意看，鸡骨上有些细细的小孔，专业名称叫营养孔。占卜者用细竹签，从孔中插入。由于孔里面的角度不一，插的竹签会有正有斜，巫师就根据竹签组合的不同形状来判断吉凶。为自己占卜看左骨，为别人占卜看右骨。具体怎样看，那有一套复杂的方法。清代黄世发专门写过一本《越巫鸡卜》，用了127幅图来解释。

下次吃鸡腿，不妨留下鸡骨，玩玩这种有千年传统的岭南鸡卜，看看会有怎样的图样。不过占病就不必了，在医学传播之后，人们知道有病还是问医生靠谱。

南选官员

唐宋两朝实行科举取士，中举者按例要异地为官。但岭南由于瘴疠横行，却可以成为例外的特区。

唐岭南节度使卢均曾上奏朝廷说：“韶、广两州官僚……道途遥远，瘴疠交侵，选人若家事任持，身名真实，孰不自负？无由肯来。更以俸入单微，每岁号为比远。若非下司贫弱令史，即是远处无能之流，比及到官，皆有积债，十中无一肯识廉耻。”（《册府元龟》卷631）说岭南各州地处僻远，又“瘴疠交侵”，哪里有外省官员肯来呢？勉强来的不是素质低下就是别有所图。这到了宋朝还是一样，《宋会要》说：“广南之地去京华为尤远，瘴疠蛊毒，种种秽恶。内地之人，南辕越岭，不啻斥逐，必罪戾孱庸得已然后膺其选……何惮而不为贿乎？”素质低劣的官员来到此地，于是无法无天，贪贿成风。

在这种情况下，朝廷只有打破规矩。一是允许本地人任官，如宋朝时“春、梅诸州，炎疠颇甚，许土人领任”（《宋史·地理志》）。二是不须科举及第，宋朝规定“以广南地远，例入不足以资正官，故使举人两与荐送者，试刑法于漕司，以其合格者摄”（《建炎以来朝野杂记》卷12），意思是说，当地士人只要曾参加过省里的举试两次，虽未中举却也有资格在当地参加特定选拔，有机会出任本地职务。这种制度自唐朝开始就有一个专门名称：“其岭南、黔中，三年一置选补使，号为南选。”（《旧唐书·职官志》）虽然选出来的官员只能叫“摄官”（即代理），但实权是一样的。

可是这种降格要求，又大受非议。欧阳修说：“今广南东、西路进士例各绝无举业，诸州但据数解发，其人亦自知无艺，只来一就省试，而归冀作摄官尔。朝廷以岭外烟瘴，北人不便，须藉摄官，亦许其如此。”（《论逐路取人札子》）也就是说，两广应考科举的人员更加不求精进，反正参加省试露个脸，就可以争取当代理官员了。章如愚批评："内地亲民之吏犹可非其人也，至岭表则不然。"因为"守令苟非其人，则冤民无由申诉。屈抑既甚，则其势必将为乱"，任官"反以内地为重，以边方为轻，是何倒置之甚哉！"（《群书考索》）认为官员素质低更不利于治理岭南。

两难之下，朝廷只有多多给予特殊政策，奖励官员去岭南任职。"岭外瘴毒，人所惮行，故凡命帅，恩例特厚，或贴以职，或进以官"（《续资治通鉴长编》卷430），即许诺给官员本人或子侄优先提拔，或更实惠地加薪。《宋史·地理志》说："广南东、西路……山林茂密，多瘴毒，凡命官吏，优其秩俸。"查《宋史》，北宋时广南官员的俸禄确实优于他路，例如转运判官，内地每月增给铜钱10贯，而两广则为15贯。

这些升职和加薪的措施有一定作用，但也只能吸引不怕死的名利之徒。《宋朝事实类苑》记载说："岭南诸州多瘴毒……稍益俸入，加以赐赉，贪冒之徒，多亦愿往，虽丧躯不悔也。"接下来又会出现新的问题。

岭南遗孤

有学者怀疑，古人所谓“瘴疠”危害也许只是出于远行恐惧而对边疆地区产生的“心理歧视”。可是心理并不杀人，而“瘴疠”伤人的记录很多。著名诗人杨万里描写岭南任官者的状况说：“官吏之行者……至于二广，则风土之恶，瘴疠之祸，不忍言也。父母妻子哭其去，又哭其归。去则人也，其哭犹忍闻也；归则丧也，其哭不忍闻也。大抵去而人者十焉，归而鬼者七八焉，而人者二三焉。二三人者，虽不死而死矣！何也？病也。病而全者又十而一二焉。外路之官吏何辜，而使之至于此也！”（杨万里《诚斋集》）

宋朝时，或受贬谪，或为名利，从北方来岭南任职的官员逐渐增多，其中还有些挈妇将儿同来。这就附带来一个问题：万一官员自己不幸死于瘴疠，遗下孤儿寡母怎么办呢？这种情况并不鲜见，时人称：“中州士人宦峤南，有不幸死，其家多流落不能归。”（王存《虞太熙墓志铭》）朝廷原先有相应的抚恤措施，但后来改革了。《续资治通鉴长编》载：“岭南使臣身殁瘴疠者，旧录用其子孙，近制裁赐银而已。”录用子孙为公职也算有稳定经济来源，后来改成一次性赐银，就不足以长期支持遗属生活。有些遗属境况很是凄凉，女性甚至卖身求存，“仕岭南之贫者物故，其妻女或不能自存，至诱卖为婢妾”（韩元吉《南涧甲乙稿》）。

物伤其类，解决这一问题主要靠现职官员的帮忙。中国人有魂归故里的传统，宋孝宗时，广东经略安抚使周自强要求凡“入广官员殁于官所，孤遗扶亲以归”者，沿途要“计口支钱接济”，并令“船场造船搬载出赣，俾不至狼狈”。为此，官府在番禺买官田，用收入作固定经费，在广州设接济库，“如有贫乏之家，下接济库支钱雇船，送至南雄州”。对留在岭南的遗属，则“于广州城内创建广安宅一所，约可住五十余家。应亡殁官员，许令从便前来居

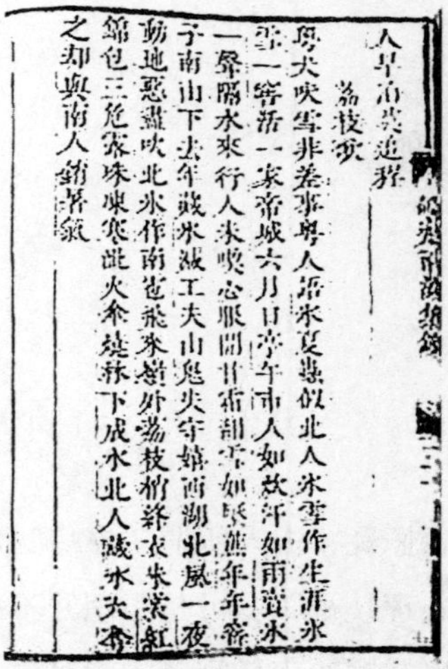

荔枝歌
粵犬吠雪非差事粵人語冰夏蟲似北人冰雪作生涯冰
盤一簇活一家帝城六月日亭午市人如炊汗如雨賣冰
一聲隔水來行人來喚心眼開甘霜甜雪如壓蔗年年窖
子南山下去年藏冰減工夫山鬼失守嬉西湖北風一夜
動地惡[illegible]吹北冰作南雹飛來嶺外荔枝梢絳衣朱裳紅
錦包三危露珠凍寒凝火傘燒林下成冰北人藏冰天奪
之却與南人銷暑氣

◉《涎塘忠节杨氏总谱》中的南宋诗人杨万里像（左图）。杨万里有专门记录岭南经历的诗集《南海集》（右图），里面《荔枝歌》说：“粤犬吠雪非差事，粤人语冰夏虫似。”形象地写出岭南气候炎热、终年少冰雪的特点

止，在外计口日给，愿还乡亦量给其归”（《宋会要辑稿》）。其后广东提刑官陈晔因“所部十四郡，多是水土恶弱，小官贪于近阙，絜累远来，死于瘴疠者时时有之。孥累贫乏，不能还乡，遂致狼狈”，继续以官钱“起宅子六十间，专养士夫孤遗”（《宋会要辑稿》），他起名叫“安仁宅”。类似措施为历任官员延续，不过每个官员都喜欢起个新名字，后来又分别叫广恩馆、延恩馆、安乐庐等。

官员们还不忘解救遗属妇女，如周自强“奏立法禁，使得自陈，官为赒恤嫁之”（韩元吉《南涧甲乙稿》），广州知州潘畴则对“士族女失身非类，赎而归之”（朱熹《晦庵集》）等。

对于岭南官员互助自救，朝廷理应有所表示。宋宁宗有次祭天时发布文告说，“二广州县，小官冒瘴而死者，家属扶护旅榇，不能归乡，实可矜悯”，当地“椿积钱米”的救济方式甚好，“可令诸监司常切恪意奉行”（《宋会要辑稿》），算是正式表彰。

岭南的发展历史里，也有着许多妇孺的血泪和生命付出。

法场铁汉

宋代，岭南的瘴病相当严重。《曲洧旧闻》说："峤南山水极佳而多奇产，说似中州，人辄颦蹙，莫有领其语者，以其有瘴雾，世传十往无一二返也。"死亡比例虽然有点夸大，但真实事例确有不少。如宋真宗时，廉州"炎瘴尤剧，数年间守土沦没者四人"（《续资治通鉴长编》卷65）。官员张祖顺赴任梅州，"从行者多困于瘴疠，第四子序卒于梅。君念之切，阅月而君亡"（《攻媿集》）。官员郑刚中贬谪封州（今封开）时，随行三个仆人中，"瘴杀其二，余一人汪举虽脱命鬼手，然毒沴不去，气血枯凋"（《北山集》）。

宋代不再笼统地称岭南"瘴地"，而是具体到每个州县来分析瘴疠的严重程度。周去非《岭外代答》有"大法场"与"小法场"之说："岭外瘴毒，不必深广之地，如海南之琼管，海北之廉、雷、化，虽曰深广，而瘴乃稍轻。昭州与湖南、静江接境，士大夫反指为大法场，言杀人之多也。如横、邕、钦、贵，其瘴殆与昭等，独不知小法场之名在何州……广东以新州为大法场，英州为小法场。"

当时还有"春、循、梅、新，与死为邻；高、窦、雷、化，说着也怕"（《宋稗类钞》）的歌谣。尤其春州据说"至者必死"，北宋王安石主政时特意将春州降级为阳春县，不再安置贬官，获得时人称赞说："既改为县，自此获罪者遂不至其地，此仁人之用心也。"（《癸辛杂识》）

北宋却有一位传奇人物，叫刘安世，他历任上述八州之七而安然无恙，"八州恶地，安世历遍七州，所以当时有'铁汉'之称"（《宋稗类钞》）。很多人都好奇他有何养生妙法。刘安世自己归纳了两条。

一是禁酒，完全推翻饮酒可以御瘴的说法。他说："某初到南方，有一高僧教余，言南方地热，而酒性亦大热，本草所谓大海虽冻而酒不冰。今岭南烟瘴之地，而更加以酒，必大发疾。……故余过岭即断酒，虽遍历水土恶弱他人必死之地，某独无恙。”本草说酒能“御风寒雾气”，偶尔饮用有驱散瘴雾寒湿的作用，但对于瘴病，多饮可能适得其反。刘安世说初饮酒“似乎有验”，实际上“积久积热于五脏之间，不可救也”（《元城语录解》）。元代医家释继洪甚至认为酒“乃瘴病之源也”，“南土暑湿，嗜酒则多中暑毒”（《岭南卫生方》）。

二是禁欲。刘安世奉“北人在烟瘴之地，唯绝嗜欲，可以不死”的宗旨，一入岭南，“是日遂绝，至于今更不复作”（《元城语录解》）。但这一条，常人不易做到。人们归功于他的学养：“安世所守凛然，死生祸福不变，盖其平生喜读《孟子》，故刚大不枉之气似之。”（《宋儒学案》卷20）

刘安世的经验表明，酒或槟榔之类都不是防备瘴疠的万灵药，在岭南最紧要在于注重养生。虽然并非一定要禁欲，但也应加以节制。

狄青南征

北宋初年交趾（今越南）已自立为国。仁宗庆历年间，广西少数民族首领侬智高得罪交趾，要求宋朝支持却遭拒绝，于是起兵反宋，顺珠江一路向东，连占封州（今封开）、康州（今德庆）、端州（今肇庆），围困广州50余日。虽未能攻克，但“广，天下宝货之储，而蕃舶之家，常以亿万计，贼（指侬智高）悉取之”（《孙威敏征南录》），令朝廷大为紧张。

于是，时任枢密副使的名将狄青受命统师南征。但是出征之前，他得先想办法解决一个难题：“岭南外区，瘴疠熏蒸，北方戍人往者，九死一生……说者谓征蛮无全胜之策。何也？盖以其地炎燠卑湿，瘴疠特甚，中原士卒不服水土，不待戈矛之及，矢石之交，自相疾疫而死。虽有百万之兵，亦无所施故也。”

名将果然是名将，不打无准备的仗。狄青深知前人因瘴疠而兵败的事例很多，幸而这时候已经有了办法，因为有许多到过岭南的人提供了预防经验。狄青上书皇帝说：“臣窃以瘴疠之灾，特以加诸贫弱及不善调摄者耳，若将帅居显要者则罕焉。”他指出瘴疠往往发生于不注意防护的人身上，因此需要加强卫生。他建议向当地人请教预防方法：“请命彼处守土重臣，多方询察久谪彼地之人寿而健者，问其所以起居调摄之方，详稽备述，刻梓以颁士卒。”

狄青专门强化了部队的后勤医疗卫生保障，“每队伍中选一人专司其事，有不遵条示而自恣不检者，必加以罪。其所当备药饵器具，令有司给之”（《论御南蛮奏》）。经过有条不紊的安排后，因“南方水潦不时，而瘴疠将作，燥湿之具百计悉备”（《孙威敏征南录》），狄青选择在12月份凉爽季节，挥军南下，于归仁铺大败侬智高，攻破其都城邕州（今广西南宁），侬智高败逃大理。

可是即使早有准备，狄青军队仍然受到非战斗减员的困扰。《宋史》说：

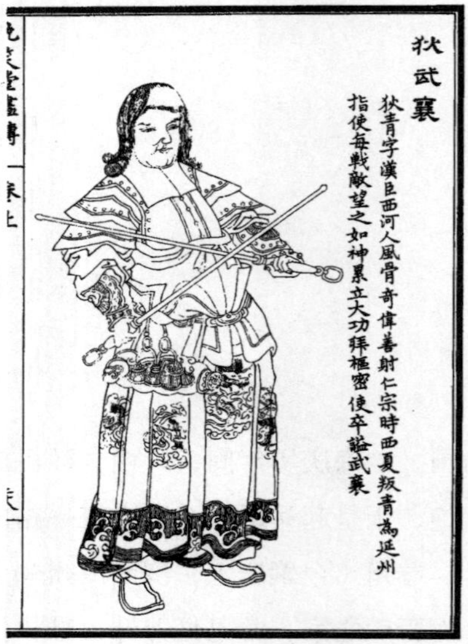

◉清代《晚笑堂画传》中的狄青像

“青之至邕也，会瘴雾昏塞，或谓贼毒水上流，士饮者多死。”士兵大量病死，也说不准是感患瘴疠还是对方下毒所致。

好容易打赢了，总得派军队驻守吧？那就更要长期面对瘴疠了。据说“戍兵三岁一易，瘴死者十常七八”，部队轮值年限三年一换，三年下来已经病死大半了。因此，战后留下来处理善后事务的将领孙沔修改规定，“乃令本道择善地番休，留邕者止一岁，故人人乐戍”（《孙威敏征南录》）。

驻军改为一年轮换减小了病死机会，但最后一句恐怕是孙沔传记作者的溢美之词。据大臣文彦博说，仍是“每至岁满戍还，瘴死者十有三四”（《文潞公文集》）。死亡率固然下降了一半，却还远谈不上“人人乐戍”。

顺州得失

北宋皇帝是和平主义者，常常花钱买平安，其开国后曾“百年无事”，按王安石的说法是“宁屈己弃财于夷狄，而不忍加兵之效也”（《本朝百年无事札子》）。之所以如此，其实也有不得已的原因——对北边的辽国是打不赢；打南边的交趾则备受瘴疠影响。

交趾是乘南汉动乱独立的，宋太宗即位后曾试图收复，出兵南征，但是“其地炎瘴，士卒死者十二三”（《宋史》），大臣田锡上书说：“大国取交州何用？交州谓之瘴海，去者不习土风。兵在彼中留滞颇久，愿陛下且罢斯役，暂息南征。”（《上太宗论军国要机朝廷大体》）瘴疠导致宋军失利，第一次收复交趾行动失败了。

宋神宗熙宁八年（1075年），交趾袭击北宋，攻陷钦州、廉州和邕州。宋朝即使再忌惮瘴疠，也不能不理，派出十万大军南下。可是“行及长沙，病死相属”，为保障战事进行，宋神宗下诏“安南诸军过岭有疾者，所至护治”（《宋史》），先后又“诏太医局合治瘴药三十种，差使臣赍付安南行营总管司”，“闻将士被疾者极众，可下医官院，选习知治瘴者五七人……乘驿速往。如治疗多愈，当不次优赏”（《续资治通鉴长编》卷278），增派军医和配制专门药物前往。

尽管采取了这些措施，但结果并不理想，“中原人不习水土，加时热疫大起，于是十万大师瘴疠、腹疾，死者八九”（《铁围山丛谈》）。宋神宗诏令前线指挥官郭逵说：“安南之举，惟万全速了为上。”（《续资治通鉴长编》卷276）郭逵在富良江一战大胜，但尚未彻底打垮敌军。这时交趾国王李乾德乞降。是接受，还是继续进攻？部下报告：“凡兵之在行者十万，夫二十余万，冒暑涉瘴，死亡过半，存者皆病瘁。”如此窘况，郭逵唯有痛惜地说：“吾不能覆

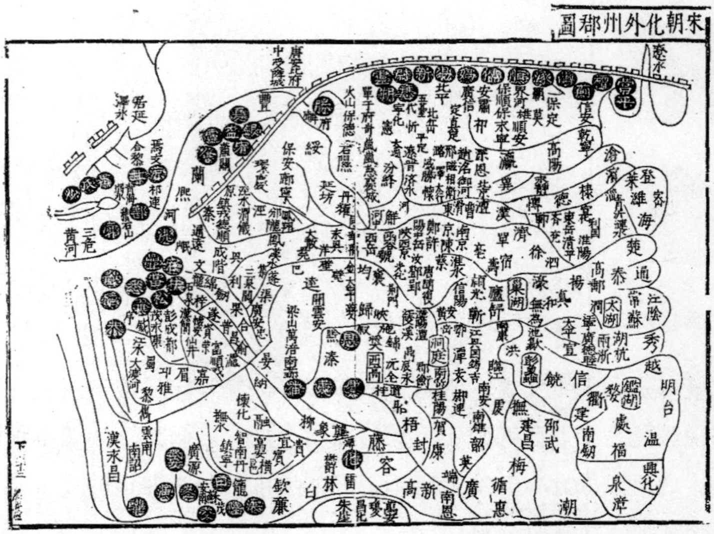

◉宋朝化外州郡图。广源州（即顺州）在左下角

贼巢，俘乾德以报朝廷，天也！愿以一身活十余万人命。”（《皇宋通鉴长编纪事本末》）决定冒被责怪的风险受降撤兵。第二次征交趾，仅收复了边境数州。

然而，这一点点胜利成果，几年后却拱手交还了。当时宋朝将收复的广源州改名为顺州（今越南高平），派兵驻守，可是代价惨重。《东轩笔录》记载：“广源岚瘴特甚，自置州，凡知州及官吏戍兵至者辄死，数年间死者不可纪，每更戍之卒决知不还，皆与骨肉死别，至举营号哭不绝者月余。”这严重影响到当时舆论。大臣张方平上书说：“（交趾）其土地下湿，多瘴疠，人短折……太祖皇帝弃之，不欲勤中国以事荒徼。列之外蕃，使隔限诸蛮，此天机神算，长辔远御之术也。”（《论讨岭南利害九事奏》）建议还是任其当藩属国好了。

在这种思想下，当元丰二年（1079年）李乾德要求“归还”广源州的时候，宋神宗看到“岁戍以三千人，十损五六，不可守”的情况，于是说：“顺州荒远瘴疠之地，朝廷得之未为利，岂可自驱戍兵投之瘴土？一夫不获，朕尚悯之，况使十损五六耶？”（《续资治通鉴长编》卷300）将顺州赐还，就此从中国版图消失。

只可怜当年那些将士。

养气汤方

防御瘴气，古人注重养生。说到养生方法，宋代有一种习俗，可能是现在药物保健方法的前身。

宋代笔记《萍洲可谈》说，当时人们待客，“客至则啜茶，去则啜汤”。喝什么汤呢？“取药材甘香者屑之，或温或凉，未有不用甘草者。此俗遍天下。”也就是将香药加甘草研成细屑，冲水作汤饮。这种饮料市面有售，《东京梦华录》和《梦粱录》分别记载两宋京城东京（今开封）和临安（今杭州）的市面，有“煎点汤茶药”“有浮铺早卖汤药二陈汤”等情景。二陈汤有陈皮、法半夏等药物，居然卖来作早餐饮品，可见在当时的普及。

不过宋代这种流行时尚不无弊端，元代有医生批评这类“汤”饮说：“贵如沉香则燥脾，木骨草则涩气，蜜香则冷胃，麦门冬则体寒，如此之类，皆有所损。”（《三元参赞延寿书》）药食虽说同源，但毕竟有偏性，不适当地多用久用，会伤身体。

然而有一种“养气汤”，宋代曾在岭南大力推广，却有很好的效果。据记载，宋代一位被流放岭南的官员刘君锡，从年逾百岁的道人刘仲远处获得此方，其组成包括香附、姜黄和甘草，将药材炒后研成细末，入盐点汤服用。刘仲远对刘君锡说：“凌晨盥栉讫，未得议饮食，且先服此汤，可保一日无事。旦旦如此，即终身无疾病。”刘君锡按此方法，“间关岭表数年，竟免瘴岚之患。后返襄阳，寿至九旬”。

由于刘君锡的切身体会，此方广为流传，还有别名叫“不老汤”。它原本记载于宫中藏书《广南四时摄生论》，宋真宗赵恒看到岭南瘴气严重，人们缺乏医药知识，特地下令从宫中取出付印，专门颁赐与广南各州、军和在当地做官的臣僚。广南西路官员吕渭将此方刻到桂林刘仙岩石刻上，促使它更广为流行。

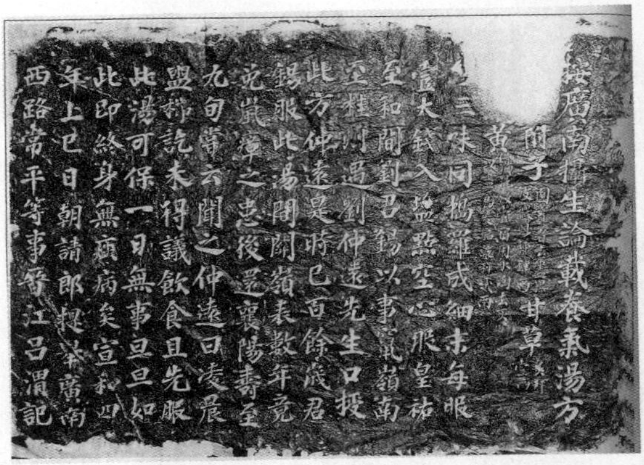

◉桂林刘仙岩《按广南摄生论载养气汤方》石刻拓片，记载刘君锡在岭南用“养气汤”养生防瘴的经验

“养气汤”久吃有没有弊病呢？它的组成药物辛燥行气，一般情况下也不宜多服。但是对于岭南的湿气雾瘴来说，却恰有特定好处。宋代医家王棐说：“（在岭南）但备之以将养之法，解之以平易之药，决保无病，纵病亦易愈。……或有不快，即服正气散一二剂，则脾胃自壮，气血通畅，微邪速散，又何瘴之有？”他用的正气散，也是由多种香药组成，“自入广来，但用修养之法，晨兴盥漱后，先服平胃散，间或投以不换金正气散。洗面后啖少粥，巳时早食，申时晚食，夜间服消食等药”（《岭南卫生方》）。里面提到的平胃散、不换金正气散也是同一类方剂，保健效果也很好。

现今南洋地区喜食咖喱，咖喱的主要成分就有养气汤里的姜黄。而市售有藿香正气散，也是宋代流传下来的多个正气散方剂之一。脾虚湿滞的人，每遇阴雨连绵，服一两包用来醒脾行湿，颇有益处。这也是上千年的养生经验。

人进瘴退

宋元时期因为北方战乱，有大量移民进入岭南，当时谈论瘴气危害的言论很多。但到了明代，这方面的记载忽然少起来。文人们也觉得奇怪。明代叶权说："岭南昔号瘴乡，非流人逐客不至。今……仕宦乐官其地，商贾愿出其途。余里中人岁一二至，未尝有触瘴气死者……何昔之难而今之易也？"他自问自答说，原因跟人烟渐密有关。以前岭南地广人稀，"往来者少，故山岚之气盛"，人们在路上孤独无依，"客子在途，心摇摇多畏恐，触之而病"，而明朝"岭间车马相接，河上舟船相望，人气盛而山毒消"（《游岭南记》）。

"人气盛"为什么"山毒消"？清初屈大均《广东新语》解释说，岭南的不断开发使自然环境发生了变化："在今日岭南大为仕国，险隘尽平，山川疏豁，中州清淑之气，数道相通。夫惟相通，故风畅而虫少，虫少，故烟瘴稀微，而阴阳之升降渐不乱。"

在宋朝到明朝的几百年间，广东环境最大的变化是珠江三角洲的拓展。由于人口增加，人们不断在江河沿岸广泛建造堤围以获得更多的农田，这样加速了三角洲的沉积。从明初到明末，广州府的人口增加了一倍有多，珠江三角洲冲积平原面积也增大了一倍，析地新置的行政区有顺德、高明、恩平、从化、新宁、三水和新安等7个县。地貌的改变，使适合蚊子生活的沼泽区域大为缩小，蚊子传播的疾病的发生率下降，其中包括了瘴病里最严重的疟疾，所以广东瘴气危害渐减。

广西的情况也不断改善。清人赵翼任职广西镇安，这里瘴病曾极为严重，"入其境者，遂无复生还之望"，但他来后，"瘴亦不甚觉。问之父老，谓昔时城外满山皆树，故浓烟阴雾，凝聚不散。今人烟日多，伐薪已至三十里外，是以瘴气尽散云"（《檐曝杂记》）。森林线退缩同样减少了蚊子的生存空间。广西《三江县志》说："在昔多瘴疠之乡，每因烟户日增，而瘴疠日减。"

岭南"瘴乡"的说法仍然存在，不过所指已有不同。精通医学的明末四公子之一方以智流亡到广西，他眼中的瘴气是这样的："以智流离此方，且五六年，山峭水恶，冬暖而春寒，秋热烈于夏。二三月至夏至前，湿不可言……瘴从水起，与山岚合。"此气"为雾为雨，溽熏中人"，"中人为热毒……受毒者内有结毒，燥闷气促，大便不通。客居感者十半如此，通便热退而愈"（《物理小识》）。这分明是南方生活中常见的"上火"和"湿热"，随着医药知识的普及，人们抓服草药、饮杯凉茶已不难搞掂。人进瘴退的岭南，日渐成为经济繁华的乐土。

麻风过毒

麻风女邱丽玉的故事，在许多剧种中都有演出。此故事最早源于《夜雨秋灯录》，说有书生陈绮前往广东寻亲，然而亲戚已死，致使流落无依，有人介绍他到一个富翁家入赘，本意是想钱财到手后即以扶柩为名离开。洞房之夜，新娘邱丽玉说："妾睹郎君风采，意良不忍，故以机密告。妾，麻疯女也。"当地认为，麻风女一到15岁就要"以千金诱远方人来，过毒尽，始与人家论婚，觅真配"。一夜欢娱后，女方的麻风病就会"过毒"到男方身上，自己痊愈。如未能及时过毒，15岁后即会病发。

美丽的邱丽玉无意害人，和盘托出真相，当晚二人和衣相处，在陈绮明知有问题还"屡屡不能自持"之时坚定地"劝慰禁止"，第二天还"以香舌吮生颈，作胭脂色者三四处"，制造已经过毒的假象，帮他骗过父母，送他离开。

故事后文不表。这里的关键情节"过毒"是怎么回事呢？明王临亨《粤剑编》云："粤人多染疯疾，而雷阳（今广东雷州）为甚。其始发也，指爪间即不知痛痒，以为病候。女子患此，即谬为私奔与迷失道状，用以挑男子。一交感后，其疾顿移之男子矣，俗呼为'过疯'。粤之患疯者，男子什七八，女子什二三，以此。"《广东新语》说明清时粤西沿途很多"当垆妇女"招引男性，目的是"卖疯"："凡男疯不能卖于女，女疯则可卖于男，一卖而疯虫即去，女复无疾。自阳春至海康，六七百里，板桥茅店之间，数钱妖冶，皆可怖畏，俗所谓过癞者也。"清代珠江花艇香艳一时，但亦有麻风之害，《中华全国风俗志》说："所撑之艇，装潢美丽，洁净非常，……一般青年疍妇，盛服艳装，坐以待客……夜渡之资甚廉，然多麻疯之征，偶一不慎，则祸厉随之矣。"

麻疯今名麻风，这个故事发生的大背景是广东麻风发病率高的事实。

为何如此？人们还是归咎到老问题——地方环境。屈大均说此病“由湿热所生”，“高、雷间，盛夏风涛蒸毒，岚瘴所乘，其人民生疯尤多”（《广东新语》）。甚至民国时期调查中国麻风病的外国传教士也这样说：“沿江沿海，运河湖泽之地，及旅游便捷、湿气凝重之区，麻疯滋蔓最甚。”（《麻疯季刊》1936年第4期）

麻风如有密切接触会传染，然而“过毒”其实不可能。此说等于让女性病人存心去传播疾病，很是不妥，只可以理解是求生的本能使然，由此更显出邱丽玉之善良。而屈大均提到当时另一种刻意传播的情形，就真的可恨了：“州县有司催粮，亦辄使疯人分行乡落，其人粮未尽输，则疯人相率饮食寝处于其家，日肆骂詈，以秽毒薰染之，使之亦成恶疾。”（《广东新语》）

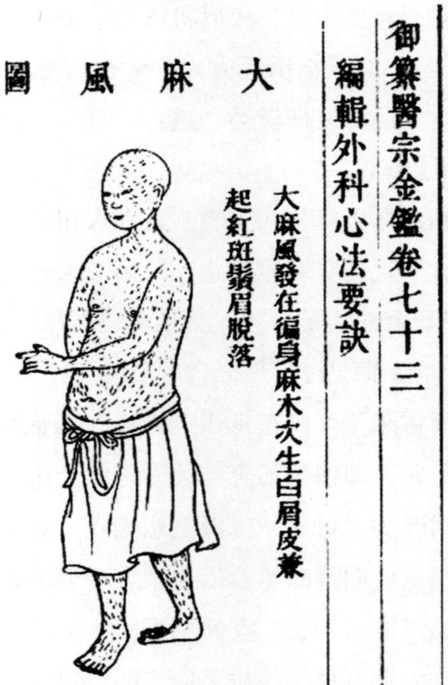

◉清代太医院教材《医宗金鉴》中的麻风图

广疮何来

我国历史学者喜欢考证某事某物最早源于中国。但在医学卫生方面就要小心了，别轻易说早在多少年前我国就会治疗某病。例如，有学者提出汉代、唐代医书中记载的某种症状可能是指梅毒，这下问题就大了。

梅毒这个病，比较肯定的中国对应名称叫杨梅疮，是在明朝才出现的。台湾李敖进行过详细考证，发现“在明宪宗以前的医书中，看不到杨梅疮三个字”，“在明世宗以后的医书中，可以看到杨梅疮”，所以，“梅毒的传入中国，在医学史上几乎是一个突变。它在16世纪的序幕时代进入这个古老的国家，它是西洋近代文化影响中的一个先头部队”（《“文化太保”谈梅毒》）。

影响世界历史的疾病，梅毒算是一种。在欧洲，人们认为是哥伦布航海后，从美洲带回了梅毒。而恰在欧洲梅毒盛行之时，葡萄牙商人首次抵达中国，在澳门及广东其他港口活动，随后广东开始流行此病。所以通常认为，梅毒是葡萄牙商人从欧洲带到中国来的。葡萄牙人听了不爽，有医生写信给当时在北京的耶稣会教士，打听中国古代医书中有没有涉及梅毒的内容，在北京的神父索智能回信说，他不认为此病由葡萄牙人带来中国，因为“对于外国男人和其他过客而言，很难与中国妇女发生关系”（董少新《形神之间——早期西洋医学入华史稿》），而且中国古书已经有很多关于梅毒的记载——这里我们要质疑索智能的说法，中国明朝以前古医书中的文字，并没有一条可以完全确证为梅毒。

梅毒经性接触而传播，讲到性就会跟道德挂钩，所以各国都否认是梅毒的源头国。而在国内，广东不幸被认为是源头省，明代俞弁《续医说》记载：“弘治末年，民间患恶疮，自广东人始。吴人不识，呼为广疮。又以其形似，谓之杨梅疮。”李时珍对这种说法还进一步发挥说：“杨梅疮，古方不载，亦无病者。近时起于岭表，传及四方。盖岭表风土卑炎，岚瘴熏蒸，饮啖辛热，男女淫猥。湿热之邪积蓄既深，发为毒疮，遂致互相传染，自南而北，遍及海宇，然皆淫邪之人病之。”（《本草纲目》）梅毒与岭南环境的关系，在现代看来根本没有道理，但从中可见传统观念的影响。

岭南人倒是对梅毒治疗有着贡献。16世纪中国有一种重要的出口商品，即土茯苓，它正是岭南食物龟苓膏的主要原材料。《本草纲目》等书记载它对梅毒有疗效，这引起外国人的注意，葡萄牙医生奥尔塔的《印度香药谈》一书记载，此药在1535年传到印度，后来又传到欧洲。传说它曾治愈西班牙国王卡洛斯五世的梅毒，从而热销一时，连欧洲的“解剖学之父”维萨里都写过文章赞扬这种“中国根”的功效。

修生篇：仙踪佛迹

“修生保真，清虚澹泊，归之自然。”

——班固《汉书·叙传上》

“徇身者不以名汩和，修生者不以物累己。”

——葛洪《抱朴子》

既然岭南种种疾病害生，人们自应凭恃医药以对抗。但在汉代前后的很长一段时间里，中原地区已经相当发达的医药学还没有系统传到岭南，当地人遇病唯事巫祝。有赖那些心怀志向、万里求道的术士们，南来求仙采药，零星地开始传播医药知识。到后来，僧道医家对岭南贡献仍然不小。而作为中外交流的枢纽，岭南多元宗教汇集，因之又成为中外医药文化交汇之所。

宗教讲修行，养生也讲修为，高道名僧们在岭南留下了许多有关生命的故事。

◉《罗浮山志会编》中的罗浮山图。相传古时只有罗山，后来浮山从东海浮来，合成罗浮。这个传说使罗浮山充满仙气，一直吸引着许多宗教人士前来修真求道

道医仙踪

宗教人士这个群体很特殊，他们常常体现着人类意志的力量。

譬如说秦汉魏晋时代，岭南疾病横行，中原地区虽然已经诞生了比较成熟的医药体系，但由于战乱频仍，并没有医生专门到遥远的岭南来行医。后来是一些道家方士不畏艰辛地南下，才带来了一些医药知识。

秦代有个方士叫安期生，山东人，专程来到岭南采药，获得九节菖蒲。现在广州白云山和惠州罗浮山都有他的仙迹遗址，如蒲涧、九龙泉、鹤舒台、菖蒲洞等。菖蒲本来是中医常用药物，不过方士认为九是至阳之数，九节菖蒲服之可以长生不老，因此不远万里也要前来寻找。

那时岭南虽然僻远，但罗浮山早就以仙山闻名。秦汉时除了安期生到过，还有来采桂、葵和龟脑合药的桂父，精通房中术的东郭延年，善于练气功的姚俊等。晋代还有葛洪的老丈人、鲍姑的父亲鲍靓，他也精通采药炼丹和房中术。包括葛洪本人，也是以炼丹闻名的道家之士。

这些算不算医学呢？其实汉代时人们就有“大医学”的概念，称为“方技”。班固的《汉书》说：“方技者，皆生生之具。”也就是生养生命的方法。当时记载方技有四种：“一曰医经，二曰经方，三曰房中，四曰神仙。”医经、经方主要指《黄帝内经》等医学理论和临床著作，它们当时还没有传到岭南，可是房中和神仙这两种，已经通过道家术士带来了。房中主要指房事中要注意的健康事项，神仙则是道家种种“成仙”之术。成仙当然不可能，但他们总结的服食药饵方法，对延年益寿有一定作用。

道家方士为什么愿意南来？苏东坡曾议论说：“大抵道士非金丹不能以羽化，而丹材多在南荒。”（《与王定国书》）物以稀为贵，他们总愿意到最遥远的地方采集那些中原见不到的灵物，用来炼丹才不同寻常。像葛洪来岭南的目的，就是觅取炼丹用材朱砂。由于精通医药，他同时成为医药传播的前驱者。

也因为这样，后世对这些早期在岭南活动的道医人物的记载经常带有神异色彩。葛洪有医学著作，我们能看到他具体的药物处方，其实是正常的医家本色。但在方志中，他是被神化的人物。就像他的弟子黄野人，《罗浮志》说，有个樵夫脚上生疮破溃，长年不愈合，黄野人找了一片树皮贴上去，让樵夫闭目，一会儿睁眼时，黄野人已经消失，而疮口则立时愈合。还传说黄野人用树皮帮小孩补唇裂，捏土为药丸治疮瘘等，以至被人称为“黄大仙”。文人或许觉得寻常医术不足以记录，总要加上些神异色彩才有新闻价值。

罗浮丹灶

罗浮山上有稚川丹灶，传说是晋朝葛洪在此地炼丹药的地方；南海有丹灶镇，传说葛洪也在这里炼过丹。

说起炼丹，人们始终觉得很神秘。炼丹到底能不能长生不老？这个问题基本已经被现代科学解答了。长生不老不可能，炼丹的本质也不过是一系列化学反应。所以有些著作介绍葛洪时干脆直接说他是古代化学家——葛洪听到这个头衔想必莫名其妙。

但葛洪对炼丹其实是有一套逻辑的。他说，人们想长生，但吃的却是草木食物，这些东西“埋之即腐，煮之即烂，烧之即焦”（葛洪《抱朴子》），本身都不长久，怎么可能帮到人？唯有金石矿物，永世不腐，越烧还越坚，如果人能吸收，将肉体改造得像金石一样永不老化，不就可以长生了吗？今天科幻片中经常出现有着人类头脑和机械身体的“人”，看来正是葛洪所想象的仙人。

为了寻找能让人质变的材料，葛洪特地辞掉朝廷册封，要求来盛产丹砂的岭南勾漏县当个小县令。丹砂是葛洪最常用的炼丹材料，它在高温炼制中，会发生各种化学反应，某些反应就被说是“成丹”。从历史来看，这类丹药直接服用，常会导致重金属中毒。唐代有好几位皇帝是晚年服丹药后病情加重致死的，包括那英明一世的唐太宗。所以只能说，葛洪提出的是理论“假想”，实践中并没有成功。

但有人说，那是因为葛洪用的材料不对。《全唐诗》收录有八仙中的小妹何仙姑傲视葛洪的诗：“凤凰云母似天花，炼作芙蓉白云芽。笑煞狂游勾漏令，更从何处觅丹砂！”（《炼药师》）何仙姑是唐代岭南增城人，传说得到异人传授，能将云母石加工成粉或浆，食之成仙，所以笑葛洪妄找丹砂是白忙。岭南古代还有谚语说：“增城云母粉，东莞紫石英，有人知服饵，往往得

◉清代著名画家任渭长《列仙酒牌》中的葛洪像

◉罗浮山“稚川丹灶”碑拓片，字为清朝广东督学吴鸿所书。“稚川”是葛洪的号

长生。”（《广东新语》）紫石英也是矿物。

先不说长生，这些矿物能否直接吃？电影《一九四二》里描述了可怕的大饥荒，据载古代在碰到饥荒时，人们会吃一种“观音土”，其实只是口感稍好咽得下去的泥土，身体根本消化不了。其他矿物应当也一样。因此所谓“知服饵”，应当是把握好如何有益人体的加工方法和适当的服用量。

合理应用的话，矿物的确可以有益于人，所以在中药里经常出现。区别在于，道士为了成仙，不惜以身试验极量，常致中毒；而中医治病养生，仅仅只用微量，发挥药效而不致有害。例如紫石英能治失眠，用法是配合其他药物在药罐里煮，真正溶解到药汤里的可以说极微，那已经足够了。

泥土也是这样。《广东新语》记载，罗浮山冲虚观的道士挖稚川丹灶里的土，捏成小丸，放到水里融化后给宾客喝，叫作“丹渣”，“服之可以疗腹疾”。宾客们当然认为是沾了葛洪的光，但实际上葛洪并没有显灵，“灶心土”本来就是中医治疗腹泻的一味良药。

洞天福地

说起来，外国的宗教都具有扩张欲，历史上佛教、天主教、伊斯兰教人士都积极到各国传播教义。但中国本土的道教方士，却只喜欢去人迹罕至的深山，采药炼丹，修道养生。

热爱山林的道教，认为中国的名山大川都有灵性，有十大洞天、三十六小洞天、七十二福地的说法。在罗浮山冲虚观下能看到一处刻字“第七洞天”。即罗浮山十大洞天中排名第七，岭南仅此一座。

而三十六小洞天中，坐落在岭南的，有广西容县的都峤山，桂平的白石山，北流的勾漏山。七十二福地中，在广东的有排名第十九的清远山，排名三十四的罗浮山泉源，排名第四十九的连州抱福山。另外，还有排名第二十的安山，《洞天福地谱》称在“交州北”，据考证是现在越南下龙湾附近的安子山，当时也属于岭南。

这些山名，人们大多耳熟能详，都是风景优美的旅游名胜，可见古代道士们很会选择地方。当然道士们不远万里前来，并不是为了观光。葛洪说：“古之道士，合作神药，必入名山。”为什么呢？“正神在其山中，其中或有地仙之人。上皆生芝草，可以避大兵大难，不但于中以合药也，若有道者登之，则此山神必助之为福，药必成。”（《抱朴子》）福地也是这样，道经说：“修道者若非其地，如植五谷于砂石之间，则不能成矣。虽有升飞之骨，当得福地灵墟，尔后可以变化。”（《南岳九真人传》）

每一个洞天福地都有神仙驻守，他们可以帮助人们助福修道呢。像安子山据说是秦朝安期生得道的地方，抱福山有南北朝时廖冲成仙的“廖仙岩”。而清远山，现在以飞来寺出名，很少有人知道其山神是汉朝的阴真人。阴真人又叫阴长生，是汉皇后之亲属，“少生富贵之门”，富而不骄，是个超级慈善家，曾经“大作黄金十数万斤，以布惠天下贫乏，不问识与不识者”；他与夫人还是一对“神仙侠侣”，“周行天下，与妻子相随，一门皆寿而不老”，后来“白日升天而去”（《神仙传》）。

神仙毕竟遥不可及，仙迹和传说只是增添人们游山的兴味。不过养生确实需要良好环境，百岁高寿的唐代药王孙思邈说，养生最好选择住在“背山临水，气候高爽，土地良沃，泉水清美”（《备急千金要方》）的地方。只是，都市里的现代人，有个蜗居就不错了，面对“十面霾伏”，也只能自嘲“自强不吸”。除非像媒体曾报道的，有一批人在终南山下回归田园，当起现代隐士来。这也不是办法，只能有空到洞天福地走走，偶尔给身体换换气了。

春节假日，一家团聚之际，儿女如何尽孝心呢？引一段《寿亲养老书》的“春时摄养”建议：“常择和暖日，引侍尊亲于园亭楼阁虚敞之处，使放意登眺，用舒滞情，以畅生气。”

道开养生

《罗浮山志》记载有一位东晋人叫单道开，他亦佛亦道。本来是西北敦煌人，曾在北方法琳寺、昭德寺居住，后率弟子渡江至东晋都城建业（今南京），晚年又来到南海，最后仙逝于罗浮山。

这个单道开，《晋书》说他“不畏寒暑，昼夜不卧”。真的如此神奇？《高僧传》透露了他的方法，一是辟谷。辟谷就是不吃饭，但不是完全禁食，只是不吃常规谷物。那么吃什么呢？单道开“饵柏实”，就是柏子仁，此物中医说它性味平和，不寒不燥，养心安神，西医说它有丰富的不饱和脂肪酸、蛋白质和维生素等，营养并不差。至于“昼夜不卧”，也不是不休息，而是以“坐禅”来代替睡眠。佛家的坐禅跟道家的打坐一样，都是养生锻炼的好方法。

除了辟谷、打坐，还要适当进食养生药物。据说单道开“日服镇守药数丸，大如梧子，药有松蜜姜桂伏苓之气”（《晋书》），此药秘方没透露，旁人闻气味只知道有松子、蜂蜜、生姜、肉桂、茯苓等。另外还记载他“时复饮茶苏一二升”。什么是“茶苏”？有人猜是茶叶加紫苏，陆羽《茶经》里就以为这是茶的一种，特地收录了这个典故。但是从养生来说，紫苏茶虽然也有益，但并没有特别之处呀？其实，真相是刻书人少刻了一画，不是“茶苏”，而是“荼苏”！

时值春节，人们都在温习王安石的名句：“爆竹声中一岁除，春风送暖入屠苏。千门万户曈曈日，总把新桃换旧符。”（《元日》）彼“荼苏”就是此“屠苏”，不是茶，而是酒。《荆楚岁时记》云：“正月一日……长幼悉正衣冠，以次拜贺……进屠苏酒。”据说屠苏酒是汉末名医华佗创制，用大黄、白术、桂枝、防风、花椒、乌头、附子入酒浸制，是一种益气温阳、祛风散寒的药酒，对健身来说当然比紫苏茶更胜一筹。单道开一饮就是一二升，酒量不

◉近代《点石斋画报》报道，嘉兴有人长饮屠苏酒，在瘟疫流行时全家无恙

小，药效自然十足，“如此七年，后不畏寒暑，冬温夏凉”，身体十分强健，而且“视其行动，状若有神”。他去世时超过100岁，南海太守袁宏闻讯赶到罗浮山时，见其仍形骸如生。

单道开养生有术，不过他的这些方法我们能不能学呢？学容易，但学好难。一方面，世人做不到像他那样“萧然物外”，有些方法不能乱用。单道开曾专门写了首偈子，说他辟谷不是为了成仙：“山远粮粒难，作斯断食计。非是求仙侣，幸勿相传说。”（《高僧传》）称是山中无粮，不得已才绝食。不知是不是实话，至少避免人们盲目仿效吧，因为节食需要懂得搭配才好。

另一方面，养生贵在坚持。《高僧传》说，单道开有十多个师兄弟跟他同时修习，结果“十年之外或死或退”，只有单道开坚持下来了并成功了。坚持良好生活习惯，还是需要相当的毅力的。

广州甘泉

前面提到贪泉，据说岭南的水会让人变贪。这全然不实。相反，广州许多井泉被养生家视为佳水。

最出名的是白云山蒲涧。蒲涧因秦朝方士安期生得名，传说他在此采到“一寸十二节”的菖蒲，服之成仙。于是每到七月二十五日的成仙日，“粤人是日悉往涧中沐浴，以期霞举”（《羊城古钞》）。“霞举”就是成仙，这成为广州节俗白云诞的主题。涧水被传饮之“可以忘老”，唐代《番禺杂记》说：“每旦，辄倾州连汲，以充日用。”全城老百姓每天早上到白云山取水饮用，这境况到现代还是一样。近几年白云山加强了管理，取水大军才有所减少。

同样因安期生出名的还有九龙泉，据说安期生在此遇九个童子，实际是九条龙，所站的地方即刻泉水涌出，于是取名九龙泉，又名安期井。《番禺县志》载：“泉味极甘，烹之有金石味。”有一股神仙气息。

离开白云山，进到市内，越秀山下有九眼井，又叫越王井，相传为南越王赵佗所凿。这里的水有神效，“（赵）佗饮斯水，肌体润泽，年百余岁，视听不衰”（《广州府志》）。而且此泉大旱不涸，广州居民历来饮用此水，“几如菽粟之不可一日缺”（《羊城古钞》）。不过到了清代，平南王尚可喜占据广州，将此井变成王府专用，建起围墙，派士兵把守，在井前贴上告示，凡私下打水者一律打四十大板，每天王府派人打水供藩厨专用。又传说尚可喜往井里放珠宝、人参泡浸，直是将一口井当作药酒缸了。但其效果不错，《南海百咏续编》说尚可喜活到87岁，“童颜矍铄，视听弗衰，医者云得甘泉之力”。

九眼井对面的三元宫里有鲍姑井，又叫虬龙古井。鲍姑，晋代南海太守鲍靓之女，后嫁与葛洪为妻。葛洪是名医，鲍姑也不差，据载她的绝技是用艾灸为人消赘疣。疣又叫瘊子，虽然有的不痛不痒，但影响美观，所以鲍姑是最早的美容医生之一。此外，《三元宫历史大略记》载：“南海越秀山右有鲍姑井，犹存，其井名虬龙井，有赘艾，藉井泉及红艾活人无算。”现在三元宫里鲍姑殿上有对联：“仙迹在罗浮，遗履燕翱传忠话；医名播南海，越岗井艾永留芳。”“就地取材，红艾古井出奇方；妙手回春，虬隐山房传医术。”看来鲍姑还用井泉水配药治病，并不只是懂美容。

其他有故事的，还有浮邱井，位置在中山七路和光复路口附近的积金巷旁。这里是周朝时仙人浮邱公居处的地方，晋朝“葛稚川（即葛洪）尝饮之”（《羊城古钞》），也成为神仙留迹。还有华林寺下街的五眼井，是南北朝菩提达摩居留之时开挖，又叫“达摩井”，有5个井眼，方便多人汲水。附近华林寺的僧人，便常汲取此井的水，配成丹药替人医治眼疾，甚有成效。

不语鬼神

李商隐有诗批评汉代皇帝："可怜夜半虚前席，不问苍生问鬼神。"（《贾生》）皇帝问鬼神求长生，被认为不务正业。然而帝王一呼百应，谁不想再活五百年？秦皇汉武、唐宗宋祖，至少有三个未能免俗。秦始皇、汉武帝不断派方士到各地寻求灵丹妙药，唐太宗也曾多次请婆罗门僧人入宫"造延年药"。

很多方士利用帝王的迷信骗钱骗色，但也有真正有道之士，用养生道理劝导皇帝。唐代罗浮山道士轩辕集就是其中之一。

话说唐宣宗晚年欲求长生，到处寻觅高人。当时有个官员吴德鄘前往广州任监军使，此人有脚病，离京的时候只能蹒跚而行，然而三年后奉调回京时却是步履轻盈。宣宗问原因，回复说是罗浮山轩辕集医好的。宣宗随即下诏召轩辕集来京，大臣们纷纷谏阻，宣宗不得不下诏解释，称"访闻罗浮山处士轩辕集，善能摄生，年龄亦寿，乃遣使迎之"，还说："朕每观前史，见秦皇、汉武为方士所惑，常以之为诫。"向大家保证不会沉迷于方术。

公元858年，轩辕集从罗浮山来到京师，唐宣宗问："先生遐寿，而长生可致乎？"轩辕集回答："彻声色，去滋味，哀乐如一，德施周给，自然与天地合德，日月齐明，何必别求长生也？"（《旧唐书》）这里说出了养生的真理。他告诉皇帝说，不沉迷声色，不过食厚味，心情平和，多行德政，这样自然能流芳后世，何必去追求长生不老？

这个故事显然是大臣记录的，不语怪力乱神。不过道士们在《太平广记》里另有一个版本，里面神化了许多。先是介绍"罗浮先生轩辕集，年过数百，颜色不衰。立于床前，则发垂至地；坐于暗室，则目光可长数尺"，接着渲染他的仙术。因为他相貌不扬，衣着简朴，入宫后被宫女偷笑，轩辕集于是略施

◉明代《列仙全传》中的轩辕集像

法术，该宫女顿时“缜发朱唇，年始二八，须臾变成老妪，鸡皮驼背，鬓发如丝”，吓得“涕泗交下”，宣宗命她道歉后，才得以回复原貌。宣宗赐柑子，轩辕集说，罗浮山的柑子比这好吃多了。宣宗正遗憾吃不到，轩辕集又变了个魔术，“取御前碧玉瓯，以宝盘覆之，俄而彻盘，即柑子至矣，芬馥满殿，其状甚大。宣宗食之，叹其甘美无匹”。

至于轩辕集跟皇帝的对答，前面劝导养生和修德的内容没有改，但把最后一句“何必别求长生也？”改成了“长生久视之术，何足难哉！”含义就大不相同了，意思是长生是可以的，只不过要修好德才能学。轩辕集在宫中月余，后告辞还山，其过程《太平广记》也描写得很神奇，说他半路突然消失，护送他的使臣正惶恐不已，但数日后接南海当地奏报，轩辕集已经出现在罗浮山了。

两个版本一对照，不难知道古代许多神仙故事是怎么加工出来的了。

达摩西来

在游人如织的广州上下九，不经意地可以见到街边有块“西来古岸”石碑。这便是传说中禅宗初祖菩提达摩到中国来登岸的地方。据佛教书籍所载，禅宗在印度传了28代，第28代祖师叫菩提达摩。他为了传法，远渡重洋，历经三度寒暑，方到了广州，受到广州刺史隆重迎接。“西来古岸”旁边还有华林寺，前身叫西来庵，也是为了纪念达摩。据《华林寺开山碑记》，达摩是在梁大通元年（527年）自印度航海来到广州，他后来北行到嵩山少林寺，修习禅定，成为中国禅宗初祖，传衣钵于道育、慧可二沙门。

传说达摩到嵩山后，传下七十二绝技，开创中华武林中的少林拳派。《形意拳之源流》一书还说：“六朝时，天竺僧人达摩挟其所谓西域技击来传中土，于是北方之强者，群起而趋之，今犹有‘达摩拳’‘达摩剑’等流传于世，形意拳亦其一也。”另外，包括广东南拳在内的多种武术据称均为达摩绝学的流变。

有没有达摩传武功这回事呢？《续高僧传》卷16《达摩传》和梁武帝所作的《菩提达摩大师颂并序》，都没提这回事。但目前广泛流行的两种健身功法著作《易筋经》和《洗髓经》，都冠以达摩之名。它们是否真的属达摩所作？许多武术理论家表示质疑，他们说，达摩的禅宗讲究“不落文字”，直指人心，他连佛经都不写，难道还会写拳谱？

达摩其实是有著作传世的，叫作《达摩血脉论》，里面说：“只缘执有此色身，因即有饥渴、寒热、瘴病等相，若不执，即一任作。”那意思是说，色即是空，只要不执着身体，就不会为病痛所苦恼了。这个说法未免太过虚无，凡人谁做得到啊？人们反倒是通过练习少林拳、形意拳、易筋经和洗髓经等得以强身健体，所以更感念达摩，宁愿相信真有达摩传功这回事。

广州人感念达摩的地方，除武术外，还与水有关。华林寺外的五眼井，僧人常汲水配药为人治病，此井曾名为“达摩井”，清代《番禺县志》记载这口井是菩提达摩带领开挖的。井台由整块大石凿成，有5 个井眼，井与井之间有间隔隔开，水质优良。

另一处是光孝寺里面也曾经有的达摩井。传说当时城内因海水倒潮而水多咸卤，达摩来到这里，指说一处地方地下有黄金，附近居民争先掘地，结果不见黄金，但有一泉水从石穴中涌出，味甚甘冽。众人说达摩撒谎，达摩说，这正是不能用斤两来计算的“黄金”。这口井解决了市民的饮水卫生问题，可惜清末已湮没不存了。

◎元代刻放于广州光孝寺的“达摩像赞碑”（左图），现仅存照片。而广州下九路街角的“西来古岸”碑（右图），稍不留心就会错过

海上三藏

广州是中国南向大洋最前沿的港口，除了有达摩等西域僧人从这里登岸，还是中国僧人外出求法的起点之一。

唐朝时，中国僧人不再满足于印度僧人传来的少量佛经，纷纷前去西方求法。玄奘从长安出发走陆路，走出一段西游记传奇。而另有一位僧人叫义净，他走海路从广州出发去印度，可谓是“海上唐三藏”。过程也颇曲折，可惜没有第二个吴承恩替他写本《海上西游记》。

义净在公元671年从广州搭乘波斯商船出发，到达印度各地，在著名的那烂陀寺就留学了11年之久。中间为了找抄经用的纸和墨，曾随商船回了一次广州，并通过光孝寺招收了四个当地僧侣做助手，再返印度。694年义净回到广州，次年北上洛阳，受到盛大的欢迎。四个弟子并没有随同北上，两个留在海外，两个留在广州。

要知道佛教的发源地印度同样是医学发达的文明古国。不过《西游记》里除了孙悟空有时卖弄一下医术外，很少谈到印度医术，正史中的唐玄奘也没有记下这方面内容。但义净不同，他除了礼佛译经外，还很有兴趣地观察当地人的卫生防病情况，并跟中国进行比较。

第一，他发现印度僧人很注意个人卫生，注意饭后漱口、刷牙及洗手。第二，僧人们每天都散步，佛教叫“经行”，这很重要，“若不为之，身多病苦”，“必若能行此事，实可资身长道”。第三，印度一些疗法效果独特，例如断食疗法，得病后通过禁食，使疾病自愈，有点像广东话里“饿死细菌”的说法，不过义净发现确实有效，他“自离故国向二十余年，但以此疗身，颇无他疾”。

但除了这些，义净并不认为印度医术就比中医好。他自豪地说，中国“针灸之医，诊脉之术，赡部洲中无以加也”，并且“长年之药，唯东夏焉”，各种养生长寿的药物也只有中国最多，所以他主张融会贯通。像断食疗法，正常人本来饿不过7天，西域有些人一断就是半个月到一个月，他们的理论是有病就饿不死，要饿到病好为止。义净认为风土不同，东土人断食还是不要超过7天，南方人两三天就够了，病没好的话，完全可以加用我们中国药物来治疗。

而且印度医药中有些陋习，例如“病发即服大便小便，疾起便用猪粪猫粪”，美其名曰“龙汤”，义净痛斥说：“虽加美名，秽恶斯极！”中国自有良药，有病若“不肯施佳药，遂省用龙汤”，真是“大亏圣教”。

还有，印度人即使在热病时也特别忌讳冲凉，义净也认为不可一概而论，像广州，“其江岭以南，热瘴之地，不可依斯，热发水淋，是土宜也”（《南海寄归内法传》）。

没有悟空保驾的“海上三藏”义净和尚，就是这样中西结合摄生预防，安然取经归来了。

域外良药

人们去广州南越王博物馆参观时，有没有注意到一个银药盒？纹饰是典型的波斯风格，见证着广州在2000多年前就与西方有密切的来往。尤其令考古专家惊讶的是，打开药盒时，里面还盛着许多古代药丸。可惜药丸都碳化了，化验不出当时南越王服的是什么灵丹妙药。

广州作为古代对外文化交流的窗口，一直有许多域外医药知识通过这里传入，有的已经融入国人生活之中，令人浑然不觉了。

两广一带长大的人，怕都吃过喉甘子吧？它又叫油甘子，正式学名叫余甘子，乍入口又酸又涩，但不一会就满口生甘，相当神奇。民间认为余甘子可以清咽生津。但在古书里，它的作用可多了，诸如“久服轻身，延年长生”（《海药本草》）、“以变白须发有验”（《南方草木状》）等。这些功效其实来源于印度医学。余甘子在中国首次记载于晋代嵇含《南方草木状》，名字叫庵摩勒，这是外来译音。在将近2000年前的印度古医书《遮罗迦集》中，余甘子是一种重要的“长年药”，功效非凡。与之类似的还有诃黎勒，也就是诃子，在印度留学的中国唐朝义净和尚记载，“若能每日嚼一颗，咽汁，亦终身无病”（《南海寄归内法传》）。

从印度翻译来的佛经，都把诃黎勒、余甘子说得神圣非凡，例如“能除一切病，无忌药中王”（《金光明最胜王经》），“有病无病，时与非时，随意皆食”（《根本说一切有部毗奈耶杂事》），还能治白头发。但在中国，也就岭南人常当食品来吃，并没觉得有多神奇。人们常用甘草、蜂蜜或盐腌制余甘子当凉果吃，潮汕地区还有油甘煲猪肺的做法。

广州光孝寺中曾有“诃林”，《岭南异物志》载：“每子熟时，有佳客至，则院僧煎汤以延之。其法用新摘诃子五枚，甘草一寸，破之，汲井水同

◉广州光孝寺天王殿里的“诃林”匾，由明朝广东进士区大相题写

煎，色若新茶。”但后来该寺已经没有诃子树。清代光孝寺的圆德大师曾想象：“使其尚在，余将日汲诃泉，煎诃子，邀致皓首苍髯者而饮之，使世人得转老还童，天下之叟必且重趼而至矣。”（《光孝寺志》）但中医一般只用诃子来治久咳和泄泻。

有些外来药方调理身体疗效很好，中医也乐于应用，例如“补骨脂丸”。唐朝宰相郑细晚年被贬岭南，出任南海节度使、广州刺史等职，“越地卑湿，伤于内外，众疾俱作，阳气衰绝”，服什么药都不灵，后来有个诃陵国（今印尼爪哇或苏门答腊）船主献此方。开始郑细还不太相信，试着服用后，“经七八日而觉应验。自尔常服，其功神验”（《医说》）。他回京时将此方带回，为众多医书所传抄。方里主要药物有补骨脂和胡桃，后世还加菟丝子等药，功效补肾壮阳，乌须黑发。唐朝广州张太尉用过也有效，特地作诗说：“三年持节向南隅，人信方知药力殊。夺得春光来在手，青娥休笑白髭须。”（《和剂方补骨脂丸方诗》）这首诗给此方添了点颜色，后来“补骨脂丸”就改名叫“青娥丸”了。

闻香驱疫

唐朝的广州，早已经是国际都市。现今越秀区光塔所在的怀圣寺院，就是伊斯兰教传入中国后最早创建的四大著名清真寺之一，相传建于唐初，周边是当时穆斯林的聚居地。

穆斯林在广州主要是经商。《旧唐书》载："广州地际南海，每岁有昆仑乘舶与中国交市。"唐玄宗开元、天宝年间，两度下令禁止与西域互市，使中西陆路交通断绝，广州更成为阿拉伯、波斯商人的集中地。唐代诗人王建有诗描写广州市面："戍头龙脑铺，关口象牙堆。"（《送郑权尚书南海》）可知当时海外商品主要两大类，一类是以龙脑香为代表的香料，另一类是以象牙为代表的珍宝。外国香料当时大受中国上层社会欢迎，人们身上佩香，浴缸洒香，庭院寺观燃香，几乎无处不"香"。

很多香料都可以入药，所以又叫香药。龙脑香就是中药冰片，此外还有乳香、没药、安息香、丁香、沉香、甲香等，后来都被列为中药，不过它们的作用是慢慢才被认识的。汉武帝时，西域月支国使者前来献香，开始不受重视。后来长安城大疫，使者"请烧所贡香一枚，以辟疫气"，结果病者很快痊愈，甚至"其死未三日者皆活"（《博物志》），人们这才知道烧香有防治疫病的作用。此后大量香药被用到中医处方中。近两年中药防疫的作用重新得到重视，一到春季，各大中医院都自制预防流感及其他传染病的香囊，供人们选用。这些香囊一般只用藿香、丁香、茴香等不太名贵的药物，如果有条件选用沉香、麝香、苏合香、龙脑香等，香气更持久，效果也不错。

香药主要靠外国进口，经营香药的阿拉伯和波斯的穆斯林，有的在中国久了，已经汉化。唐代末年有个叫李珣的，先祖就是波斯人，后来改随唐朝国姓为李。他们一家世代以经营香药为生，经常来往广州。李珣中文很好，还是个

“花间派”词人，例如他有一首《南乡子》：“拢云髻，背犀梳，焦红衫映绿罗裾。越王台下春风暖，花盈岸，游赏每邀邻女伴。”描写千余年前的广州越王台一带少女嬉戏的场景，如在目前。

李珣还总结了家族经营进口药物的经验，写成《海药本草》一书。海药就是海外进口的药物，广州是其集散地。书里的药物都标明出产国，如龙脑出律国（克什米尔），没药出波斯国（伊朗），降香出大秦国（罗马），肉豆蔻出昆仑国（爪哇）等。另外李珣对很多香药的功效都做了补充，例如沉香，前人说它只能“薰衣去臭，余无别功”，李珣则指出它还可以“主心腹痛”，现在确实成为治疗心胃疼痛的良药；另外迷迭香可以驱蚊，“迷迭香性味平，不治疾……合羌活为丸，夜烧之，辟蚊蚋”，这也是前人没提到的。

鉴真漂流

人们都知道唐代高僧鉴真六次东渡，前往日本传播文化的故事。既然第六次才成功，那么前面五次一定是屡遭挫折。没错，尤其是第五次，天宝七载（748年）他从扬州出海，遇上飓风，船只随海漂流14天，直至到达海南岛。途中“沸浪一透，如上高山，怒涛再至，似入深谷”（《唐大和上东征传》），其境况可以从电影《少年派的奇幻漂流》中感受，除了没有老虎。

鉴真当时已经是名满天下的高僧，听说他到来，海南当地官员赶忙“遣兵四百余人来迎”，“迎入内宅，设斋供养”。鉴真在海南住了一段时间，修造佛寺，传播佛教。在这里给他印象最深刻的怕是拜访当地土著首领冯若芳的见闻了。

冯若芳是个敬佛礼僧的大海盗，请鉴真前去，鉴真同意。当地官员不敢掉以轻心，派出800多人护送，可见对冯若芳相当忌惮。据说“若芳每年常劫取波斯舶二三艘，取物为己货，掠人为奴婢”，他的奴婢多到什么地步呢？往南北走三天，往东西走两天，所到之处的村落，“总是若芳奴婢之住处也”。外国商船货物以香药为主，所以鉴真见到：“若芳会客，常用乳头香为灯烛，一烧一百余斤。其宅后，苏仿木露积如山。”（《唐大和上东征传》）名贵的药材乳香和苏木，对冯若芳来说毫不足惜。

鉴真的船上也带着香药，据《唐大和上东征传》记载，他出海时带有麝香20剂，沉香、龙脑香、檀香等各800多斤，准备带去日本。这些与冯若芳相比自然小巫见大巫。现今日本奈良东大寺正仓院保存有一本唐朝时的《种种药帐》，记载着当时收藏的60种药物，大部分实物都还在，据研究有些正是鉴真第六次渡海抵达日本时带去的。最著名的是一具一米半长的沉香木，日本上千年来视同国宝，只有至尊至贵的人物，才有资格少量取用，而每次割取的地方

◉日本镰仓时代后期（约1298年）的画工莲行描绘鉴真东渡的《东征传绘卷》局部，图中冯若芳正在恭迎鉴真

都会留下标志，因而可以看到“足利义政拜赐之处”“织田信长拜赐之处”这样的名人取用记录。海南是出沉香的地方，这么大的一块，不知可是鉴真从海南所得?

鉴真精医药，他带去的医方一直在日本流传。其中有一条处方名叫丰心丹，又称“百病丸”，成为日本西大寺的镇寺之药，常施给僧众治病。人们去日本常会买著名成药“救心丹”，一般称它是据中药六神丸改良制成的，但应该也和日本长期应用丰心丹的经验有关。救心丹公司主页注明其主药麝香乃是《种种药帐》位列第一的良药，它和另外几种成分冰片、人参、犀角，以及有些品牌所含的沉香，当年都是丰心丹的关键药物，好几种是六神丸原方所没有的。这个融汇古今的新配方一举将本来治喉痛的六神丸改造成救心良药，产值打败所有中成药，赚走了包括来自中国的大把美金。

胡僧医眼

第五次东渡时遇台风漂流到海南的鉴真，一年后返回大陆。他从雷州半岛过来，先去桂林，然后东来广州，受到沿路官民欢迎。750年后取道韶关准备北返扬州。但是这时，他失明了。

文献这样记载：“时大和上（指鉴真）频经炎热，眼光暗昧。爰有胡人，言能治目，加疗治，眼遂失明。”（《唐大和上东征传》）

史学大师陈垣（广东新会人）读到这里产生疑问：胡人加治后为什么说“眼遂失明”？这个“遂”字用得奇怪。莫非记载有误，鉴真并没有失明？有些日本史学家也持这种说法。但据《续日本纪》记载，鉴真到日本后，朝廷曾将正仓院各种药物请鉴真甄别真伪，他一一用鼻嗅、口尝加以品定。鉴别药材却不用眼，显然是失明了。

那么精通医药的鉴真为什么要请胡人医眼？说起来，胡人治眼在唐朝时乃是品牌。印度医学中，有一种手术叫金蓖拨障术，专治白内障。人的眼睛里有天然的一个帮助聚焦的凸透镜状晶体，白内障就是因为晶体老化混浊，导致视力下降，严重时遮盖瞳孔，令人失明。中医治病讲究治本，对白内障重在早期治疗，真到失明也就没有办法了。而印度手术把混浊的晶体拨开，眼睛顿时可以重见光亮，虽然对焦不准，看不太清楚，但也不错了。唐代大诗人里，杜甫、白居易、刘禹锡、李商隐都专门为这种手术写过诗。长期有眼病的白居易，已对方药治疗失去了信心，寄希望于手术，他有诗说：“人间方药应无益，争得金蓖试刮看。”（《眼病二首》）但这可是天价手术，杜甫说：“金蓖刮眼膜，价重百车渠。”砗磲是一种珍贵的深海贝类，属佛教七宝之一，手术价格居然高达百砗磲！当时不少印度胡僧来中国做眼部手术，看来都赚得盆满钵满。岭南正是他们的集散地。

◉保存于日本奈良唐招提寺的唐代干漆夹纻鉴真坐像，双目闭合

鉴真的“眼光暗昧”，有可能就是得了白内障，之所以请胡人医治，就是相信当时最先进的手术疗法。可又为什么“眼遂失明”呢？已故中山大学眼科教授陈耀真分析，鉴真可能还有青光眼，白内障合并青光眼可是手术禁忌，胡人仍然加治，导致了不良后果。看来那个“遂”字，其实暗暗点明了这是一起医疗事故，委婉地责怪胡人呢。

鉴真如果只是因为“频经炎热”而眼病发作，那也许更不应手术，用药可治。岭南环境湿热，经常需要清肝明目，以免感染炎症或眼病加重。广东凉茶里常用一味夏枯草，就有这方面的作用。夏枯草一过夏至即枯萎，在古人看来相当神奇，清代广东梅县眼科名医黄岩评价它“气禀纯阳”，用来治疗眼病“一服奏功，无出其右”（《眼科纂要》）。家庭单用煲瘦肉亦可清肝热，当然要根据体质来用。前几年卫生部专门出公告允许在凉茶饮料中添加未列入食药两用名单的夏枯草，就是因为有这样的功效和应用传统。

内外丹药

炼丹长生的理想，经过晋唐以来许多人实践，证明无济于事，渐渐被社会摒弃。隋唐时，道教养生理论出现转变，提出一种“内丹”理论，提倡不服药物，而是通过打坐练功来达到健康长寿的目的。

内丹养生是从罗浮山发端的。道教史上较早倡炼内丹的人是隋代罗浮山道士苏元朗。《广东通志》载他“生于晋太康时，隋开皇中来游罗浮，年已三百余岁矣。居青霞谷，修炼大丹”，著有《旨道篇》，《罗浮山志》称：“自此道徒始知内丹矣。”

到宋代，道士张伯端发展出道家丹法南宗，内丹术广为流行。苏东坡也受到这一潮流的影响，开始练习，但没有坚持下来。他被贬岭南后，喜欢结交道教术士，其中有一位神秘的罗浮山“海上道人”，成为指导他进一步修炼内丹的老师。苏轼有《海上道人传以神守气诀》一诗云：“但向起时作，还于作处收。蛟龙莫放睡，雷雨直须休。要会无穷火，尝观未尽油。夜深人散后，惟有一灯留。”说法有些神秘，更神秘的还有一篇内丹论文《龙虎铅汞说》，记录的是那位隐者的教导，其龙、虎、铅、汞、油、灯等都是隐语，用来形容炼内丹打坐时，意守丹田，思想放空，久之下腹丹田感觉温暖，同时口中生津，身体舒适的状态。

苏轼得到海上道人传授后，率性的他又激动了一回，当即决定“不游山水，除见道人外，不接客，不会饮”（《龙虎铅汞说》），静心闭关练习。可是他毕竟是个性情中人，做不到无欲无念。好朋友黄庭坚说：“东坡先生好道术，闻辄行之，但不久又弃去。……尝有海上道人评东坡云：真蓬莱、瀛洲、方丈谪仙人也。”（《豫章集》）

宋代岭南其实还有人在服矿物丹药，广南西路转运使李睦曾献出一种服朱砂的方法，说“臣常患瘴疾，百日在假，有广州上灵观道士卢守明令臣服软朱砂，四十余日方得病愈，一如旧安。臣有二男奉先、奉继，亦患瘴疾，服食此药，亦得安康。臣专诣守明观询问，此药能治百疾”，并介绍了朱砂丹药的制法。朝廷下令“先下翰林医官院详验朱砂久服有无损益”，结果医官回复说很有效，“一岁以上，百岁以下，皆可服之”。宰臣丁谓又本着“君有药，臣先尝之”的原则试服，“一月果得一身轻健，倍加饮食，肌肤润泽，神彩怡悦”（《鸡峰普济方》），于是圣旨诏按方合药赐诸大臣。

这种服法也许有一定效果，但不管怎么炼制，朱砂里面含的重金属依然存在，长服肯定不宜。苏东坡对此就十分谨慎，曾说：“近有人惠大丹砂少许，光彩甚奇，固不敢服。”（《与王定国》）他有诗说“养成丹灶无烟火”（《梦与人论神仙道术》），意思还是内丹比较安全。内丹静坐也不能长生，但确实对身心有益，而且简便易行，后来取代了外丹流行于世。

罗浮翠虚

南宋道教内丹始祖张伯端，先后游历四川、广南等地，其衣钵历经二祖石泰、三祖薛道光，传至广东惠州博罗白水岩人陈楠手中，是为四祖。

陈楠字南木，号翠虚。作为道教术士，他的事迹流传下来多是求雨、驱狐、画符、尸解等等。古代道士多通医术，但却常宣传法术治病，似乎非此不能显示其神通。陈楠也是如此，据说“每人求符水，翠虚捻土付之，病辄愈，故人呼之为陈泥丸”；潮阳有一个女子苦于狐狸精的困扰，陈楠用“雷符熏狐媚杀之”（《罗浮志》）等。这类治法，现代医学一般认为可能是通过心理暗示发挥作用。从文献记载和医学实践来说，的确有所谓“鬼交”的病情，即病人每晚有交合怪梦，这属于精神心理症状。古人说是“鬼”或“狐”，跟当时的民俗文化有关，也跟作法术士的说法有关。

作为南宗内丹第四代传承人，最值得关注的还是陈楠对内丹养生术方面的贡献。自古以来，道教流传有各种各样的修炼方式，在常人眼中总觉得良莠难分。在这方面，陈楠所写的《罗浮翠虚吟》，给人们做了一个很好的分级。

第一级，属于歪门邪道。陈楠严厉批评各种阴阳双修的房中术。古代那些“采阴补阳”方法，先不说有没有用，从人道角度就极不合理，陈楠批评其“心心只向房中恋”，“夺人精神补吾身”。古代医学也有“房中”，注重房事卫生，但基本原则是不可纵欲。可是道教有一个支流将其歪曲为“采补”成仙之术，即使道门中人亦不齿。陈楠告诫：“莫信花里遇神仙，却把金篦换瓦片，树根已朽叶徒青，气海波翻死如箭。”还有以前那些“大气功师”，声称拥有各种特异功能，陈楠也早有批评：“个般诡怪颠狂辈，坐中摇动颤多时，屈伸偃仰千万状，啼哭叫唤如儿嘻。……何曾有此鬼怪状，尽是下士徒阐提。”

第二级，是各种养生功法。例如“与彼存神守脐下，与彼作念想眉间”，指意念集中法；“或者口鼻为玄牝，纳清吐浊为返还”，指呼吸调息法；“与彼闭息吞津唾，谓之玉液金液丹”，指吞唾液法。这些都是道教静坐养生方法，对人体身心调养有益。不过陈楠仍然称之为“旁门”，虽然“尚自可结安乐缘”，但“此皆旁门安乐法，拟作天仙岂不难？”“成仙”是道教的高级理想，所以陈楠要求道徒要进化至第三级，即“无为之中无不为”“尽于无相生实相”的终极内丹大法，其方法“千百亿化最妙处，岂可容易教人知”（《罗浮翠虚吟》），常人实难看懂，就不录了。

道教对生命的极致追求，好比现代军工技术的尖端探索。对普通人来说，学点军工转民用的成熟养生方法，能与“安乐”结缘也足够了。

◉明代《列仙全传》中的陈楠像

海琼玉蟾

道教内丹南宗四祖陈楠收了个弟子叫白玉蟾，是海南琼山人，后来成为南宗五祖。白玉蟾一直追随陈楠，直到陈楠在漳州仙去。据说，“翠虚（陈楠）与一箍桶老子犄角入水而逝……玉蟾叹曰：此水解也”。白玉蟾“自得道之后，疏肠绝粒凡九年，而四方学者如牛毛”（《罗浮志》），他不光绝粒辟谷，更对内丹养生术有重要贡献，指出“外丹难炼而无成，内丹易炼而有成”（《海琼白真人语录》），写了《丹法参同十九诀》，详细描写内丹修炼的各个步骤。现在白玉蟾家乡有个文笔峰，上有大脚印，传说是他成仙的地方。

其实抛开成仙传说，经过千年锤炼的道教内丹术确实是自成系统的养生方法。除此之外，道教还有许多有价值的养生道理。例如道家创始人老子有一个著名的观点，即主张“啬”和“俭”，反对对生命的铺张浪费，甚至落实到言行举止上有12项规定，即“十二少”：少思、少念、少欲、少事、少语、少笑、少愁、少乐、少喜、少怒、少好、少恶。

为什么要少呢？因为道家和道教用来劝导人向善的目标是长生，而生命的基础精气神有限度，所以得开源节流。服外丹和炼内丹是为了开源，企图使身体转基因变得不会或不易衰老；“啬”和“俭”属于节流，省着点争取用久一些。白玉蟾在《海琼传道集》里解释“少”的道理说，要少用耳，因为“肾之精发于耳而能听，听久则肾精枯”，不仅是医学上说“淫而败肾”；要少用眼，因为“心之神发于目而能视，视久则心神离”，不仅是“贪而丧心”；要少用鼻，因为“肝之魂发于鼻而能嗅，嗅久则肝魂散”，不仅是“嗔而损肝”；要少用口，因为“胆之魄发于口而能言，言久则胆魄死”，不仅是“躁而暴胆”。淫、贪、嗔、躁等是医学上认为的情绪及行为过度的病因，但道教所说的“少”，不仅是不要过度，还要求低于正常值来预防。这也属于“治未病”的健康至理。

可是若是全按“十二少”来生活，人生会不会全无趣味？其实关键是心态。白玉蟾自己便是近似于吕洞宾的一位倜傥道人，他善饮善诗，善书善画，“随身无片纸，落笔满四方”（《海琼问道集·序》）。他的诗或关心家国，感叹南宋“三分天下二分亡，犹把山川寸寸量”；或怀念家乡，“家在琼崖万里遥”，“目断家山空泪流”（《华阳吟》）；或思念远人，“南方有人无消息，对花对酒长相忆”（《可惜》）。他虽修道但并没有活得拘谨，正如他称赞别人“风月情怀，松筠志节”（《陈绿云先生之像赞》）一样，他自己也是收放自如，十分潇洒！

现代社会里有许多发明，似乎就是为了让人类感官不再有一秒闲暇。所以也有人提倡极简生活，拒绝非必要的耗神。从养生的角度，白玉蟾已经把道理说得很明白，在生活中就视乎每个人的取舍与修为了。

秋石还元

宋代文人沈括的父亲来到岭南番禺时，获得一种良药。据沈括在《苏沈良方》中记载："广南有一道人，惟与人炼秋石为业，谓之还元丹。先大夫曾得瘦疾，且嗽凡九年，万方不效，服此而愈。"后来这种药成为他们家族常用的灵丹妙药，还传给广南东路转运使兼广州知州朗简，治愈其夫人的积年疾病。

这种叫"秋石"的药，若说出其来由，或许有人觉得不雅。其实它是用人尿炼成的。沈括公布炼制方法说，先收集大量人尿，即使夏天味臭亦无妨，然后加入等量的水反复搅拌，沉淀后倒掉澄清液，将浊液再加水急搅，如此反复多次，直至沉淀物无臭味为止，最后曝晒至干燥成粉。这种方法，比起以前有种"煎炼"法要环保得多，因为"煎炼时须大作炉鼎，煎炼数日，臭达四邻"，而得出的粉末效果更加理想，"久疾人只数服便效"，甚至"不但治疾，可以常服，有功无毒"。

从便溺中提取有用物质，古今都有。现在医院里还有从人尿提取元素制成的药物，主要是性激素类。所以英国著名科技史家李约瑟曾很惊讶，怎么宋代的沈括就已经懂得这种高科技？不过现代有人仿制秋石后测试，发现里面并不含性激素成分。所以秋石治病保健的机理并不是靠激素，那就只能从中医的角度来理解了。古代医学家认为，服秋石之所以能"还元"补肾，原理类同于"如竹器损，以竹器补之；金器损，以金器补之"（《世医得效方》）。

明朝嘉靖皇帝好炼丹，秋石也被道士们拿来进献，用材就讲究起来，要专用童男的尿，"取童男小遗，去头尾，炼之如解盐以进"（《万历野获编》）。对此也有理论解释："秋石，其性咸能入肾，而用童便煎者，盖因元气之未泄，而纯阳之未丧，煅炼而成，亦真元气也。虚弱之人精神必损，故必用此药以补之。"（《遵生八笺》）很多人都听说过直接喝童子尿也可以治

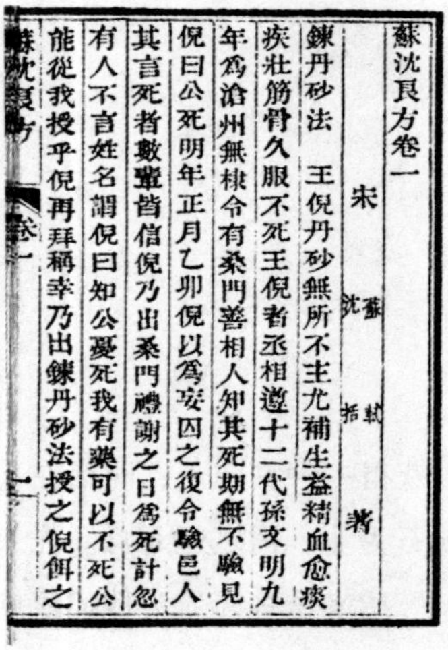
蘇沈良方卷一
宋　蘇軾　沈括　著
鍊丹砂法　王倪丹砂無所不主尤補生益精血愈痰
疾壯筋骨久服不死王倪者丞相遵十二代孫文明九
年爲滄州無棣令有桑門善相人知其死期無不驗見
倪曰公死明年正月乙卯倪以爲妄因之復令驗邑人
其言死者數輩皆信倪乃出桑門禮謝之曰爲死計忽
有人不言姓名謂倪曰知公憂死我有藥可以不死公
能從我授乎倪再拜稱幸乃出鍊丹砂法授之倪餌之
蘇沈良方　卷一

◉《苏沈良方》书影。本书两大作者苏轼与沈括都与岭南结缘不浅

病，但童尿与秋石是有区别的。清代医家陈士铎说：“秋石可以多用，而童便不宜多吞……童便气凉，多服未免损胃。”（《本草新编》）秋石经过炼制，没有那么寒凉，“治病实佳，所谓臭腐出神奇也”。

秋石是味咸的粉末，被说得如此神效，不能用盐来假冒吗？南宋时就有人想到了。当时《宝庆本草折衷》就特别提醒要注意辨别：“真者味咸，色莹，气觉微臭；薄俗亦以食盐煎制，其体色与秋石无异，但味苦而咸。”明代李时珍说，道士也会造假：“方士亦以盐入炉火煅成伪者。”（《本草纲目》）不过好在盐制的假秋石无害，而且也还有点用，后来还真的变成了秋石药材的一种，专名为“咸秋石”，可外用治疗口腔咽喉疮疾。其作用，至少不差于盐水漱口消毒吧。

进士方术

鲁迅评论明朝奇书《金瓶梅》风行的社会背景说："成化时，方士李孜僧、继晓已以献房中术骤贵，至嘉靖间而陶仲文以进红铅得幸于世宗……于是颓风渐及士流，都御史盛端明、布政使参议顾可学皆以进士起家，而俱借'秋石方'致大位……世间乃渐不以纵谈闺帏方药之事为耻。"（《中国小说史略》）

这里被目为造成明代世风日下的罪人之一的盛端明，是广东揭阳人，号程斋、玉华子，弘治十一年（1498年）乡试第一，十五年（1502年）中进士。他本应成为乡邦的荣耀，何以成为反面人物？原来盛端明一路仕宦，在任职右副都御史时，遭弹劾削职回乡，"家居十年，自言通晓药石，服之可长生"，被以方术得宠的陶仲文举荐，再度出山，官至礼部尚书加太子少保，"但食禄不治事，供药物而已"。身为文士，却是以方药之术得任高官，所以史书批评他"起家甲科，致位通显，乃以秘术干荣，为世戮笑"（《明史》），将其列入"佞幸"传。

若论明朝世风败坏的罪魁，自然首推那个20多年不理朝政、沉迷炼丹的嘉靖帝，不过其他人也起了推波助澜的作用。重视气节的士林清议认为，像盛端明这种中过进士的文人，尤其不应该以方术迎合。大节有亏，所以我们也很难替这位岭南乡贤翻案。不过，历史人物不一定只有非黑即白的脸谱，具体来看盛端明的作为，或许可以替他做减罪辨护。

时人认为盛端明等人"多以春方、媚药、房中术进，皆得恩宠"，迎合宫廷淫风，"名曰长生，不过供秘戏（房中术）耳"，所以"虽致位卿贰宫保，俱无行之尤矣"（《万历野获编》）。当时首辅万文康曾患阳痿，后有御史进献秘方治愈，人们讥讽其为"洗屌御史"。这些都反映旁门左道为社会所不齿。

但同为方术，亦有正邪之分。盛端明与顾可学进献的“秋石”，前面介绍过，系“取童男小遗，去头尾，炼之如解盐以进”，固然有神秘色彩，但毕竟是药物的一种，比陶仲文进“红铅”要正道得多。后者据《万历野获编》载，系“取童女初行月事，炼之如辰砂以进”，嘉靖为此曾两次选460多名未来月经的童女进宫圈养，候采初次月经为“红铅”，方法极不人道。同时代的医学家批评说：“近世术家有导取红铅者，使童女同内服壮阳泄阴之药，外用异术以取之……是杀人而疗人也，岂同仁之德耶？”（《医方考》）李时珍更强烈批评此为“方士邪术，鼓弄愚人”，《本草纲目》中明确宣布“凡红铅方，今并不录”。然而“秋石”在历代医药著作中一直有收载。可见盛端明的方术未坠邪道。

程斋功过

盛端明因得陶仲文保荐，以方术入仕而官居一品，但是他保有知识分子的谦恭内省之心。嘉靖朝，“奏章有前朝、后朝之说。前朝所奏者，诸司章奏也；他方士杂流有所陈请，则从后朝入，前朝官不与闻”。盛端明、顾可学等虽任礼部尚书，但应属于“后朝”，顾可学“独扬扬自喜，请属公事，人咸畏而恶之”，盛端明却自知“由他途进，士论耻之”，无意参与政事，后来“内不自安，引去”，辞官归还潮州故里。所以《明史》虽然将他放在“佞幸”传，还是有一句赞扬话，说他“颇负才名”。

有一位曾与盛端明同事的友人描述他说：“见公在朝，则翛然有霞外之想，数乞休；休矣，又数遣人入朝上万寿，闻召即不俟驾行。恋恋主恩，毙而后已。其于进退之际，岂能自解于众人哉！”（《甑甀洞稿》）他既然认同主流价值观，却进退徘徊，是否另有隐情？大胆假设：盛端明不惜为世所谤，以方术入朝，可能是想因势利导，以正道影响嘉靖皇帝。

这么说的根据是，无论是盛端明的为人还是医学养生思想，都不是无德之徒。他著有《程斋医钞》140卷，博采历代医家经验，后择精要编成《程斋医钞撮要》，旨在“穷乡僻壤中得此亦可以疗疾也”。在乡间，“有求疗，不分贫贱，即与药”，不取分文，很是关心百姓。

而他的养生思想，见于著作《玉华子》。这本书是他回潮州后写成的，“出则负箧以从，每有会意，辄手书藏之巾笥，门人取而编辑，题曰《玉华子》云”（彭辂《玉华子序》）。书中所论养生道理很有价值，如说：“养生莫大于寡欲，害生莫大于多欲。”人有欲望是正常的，“全生之道，非欲则不可，故惟寡之而已矣”，所以他不主张“绝粒出家”，只是强调要有节制。如饮食方面，要“淡滋味、去肥浓、断炙煿、戒杀远荤”；男女方面，“男无

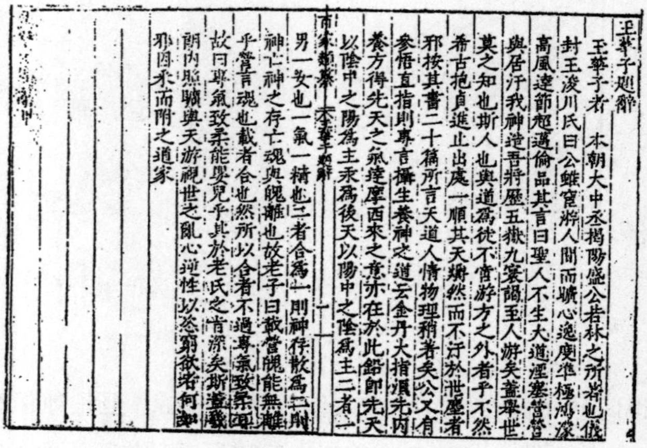

玉華子題辭

玉華子者　本朝大中丞揭陽盛公若林之所著也俄封王滂川氏曰公雖宦游人間而曠心逸度準極鴻濛高風達節超邁倫品其言曰聖人不生大道湮塞管管與居汙我神造吾將歷五嶽九寰謁至人游矣蓋舉世莫之知也斯人也與道為徒不啻游方之外者乎不然希古抱貞進止出處一順其天皭然而不汙於世塵者耶按其書二十篇所言天道人情物理稍著矣公又有參悟直指則專言攝生養神之道云金丹大指須先內養方得先天之氣達摩西來之意亦在於此鉛即先天以陰中之陽為主汞為後天以陽中之陰為主二者一男一女也一氣一精也二者合為一則神存散為二則神亡神之存亡魂與魄離也故老子曰載營魄能無離乎營言魂也載者合也然所以合者不過專氣致柔耳故曰專氣致柔能嬰兒乎其於老氏之旨深矣斯蓋馭朗內照曠與天游視世之亂心逆性以恣窮欲者何如耶因表而附之道家

◉盛端明（字若林）《玉华子》前的题词。据介绍，盛端明还著有“专言摄生养神之道”的《参悟直指》

女则气逆，女无男则血滞。气逆则精溢而血衰，血滞则经阻而气衰”，但“情欲之动也而不知制之，则其为身害也”，“人身由情欲而生者，亦由情欲而死”。

史载盛端明在皇帝身边，“备顾问对，以摄生要法不过寡欲为本”（《万姓统谱》），应当正是宣扬上述这些理论。所以视他为败坏风气的罪人，真是有些冤枉。不过就算真相如我们仁心猜测，他是不惜牺牲声名以劝导皇帝，但成效显然不大。嘉靖晚年死于丹药之毒，后来的皇帝继续沉溺方术，甚至酿成影响政局的“红丸案”。

至于盛端明自己，“年逾八帙，而神不衰，有养之征也”（彭辂《玉华子序》）。我们莫因“佞幸”标签，忽视了他的医术和养生成就。

病即是药

有病吃药，这是常理。但清初遗民、岭南诗僧澹归却有妙语说：病即是药。

澹归俗名金堡，浙江人，明末进士。清兵入关后随南明小朝廷辗转南下，来到岭南。可是却在南明内部争斗中受到刑狱之灾，左腿受刑残疾。后来桂林被清兵攻陷，他落发为僧。康熙年间来到韶关丹霞山，建造别传寺。他弘扬佛法，又精诗词书法等，远近闻名。

病即是药，这是他在安慰朋友林定远时说的话。“定远病痰喘，每阴风晦雨一发，至不能就枕”，可能是慢性支气管炎之类，反复发作，很难根治。别人安慰林定远，都说“有此病必有此药”，澹归偏说：“此病即此药矣。”什么道理？一来林定远受疾病影响，“丧妻未有子，不复娶”，澹归说“女色之为物，惨于五兵，烈于百毒，日杀人而甘心就之，不得又从而思之”，能因病而远女色，不伤身，这是好事；二来有病吃药未必就好，“使一病虽瘳，变症杂出，七方十剂兼投，生于此，死于彼”；三来“定远天才渊秀，益之以学，诗、古文、词逸出流辈”，如果不是有病，必然去考科举或给官员当“记室”（秘书），可是因为有病，不用受这种气，“归洁其身”，因此“定远之药，即定远之勿药也”（《即病是药说赠林定远》）。

澹归这番话，禅意很浓，从医学上说其实是一种心理治疗。现实中有很多慢性病是药物难以根治的，人们不得不为此控制生活方式，但不必消极埋怨，可以换个积极的角度去想，这种“精神胜利法”其实蛮有用的。澹归自己就经常“想得开”，他说：“吾每于病中，时有得力，盖打起精神，将一个死字牌竖在眼前，则一切逆顺境缘与诸妄想，自然退去。诸根之火不发，便是却病之方。”（《与法润》）有次他看到书上说松叶粥可以治腰腿病，就去试，可是松叶性涩，吃多了“大便不通，痔疮举发，四十日未愈”，腰腿也没改善，他

◉韶关丹霞山海螺岩“澹归墓”题字，清朝李熙书

“念及辄复大笑”，笑自己“欲益反损”（《与海幢阿字无和尚》）。这种健康心态非常难得。

看起来澹归晚年潜心修行，心性平和，过去戎马生涯已经放入记忆。可是他究竟未能完全忘怀，仍将许多早年文字编入著作。澹归去世多年后，一位官员来到丹霞别传寺，无意中发现了他的诗文集，认为里面有许多谤毁清廷之语，立即上奏清廷。乾隆看了大怒，掀起文字狱大案，下令毁澹归骨塔及碑志，销毁其遗著、墨迹，“不使片纸只字复有留存”，又删除地方志中的传记，赶走别传寺的澹归传人。但幸好，他的著作没有毁尽，我们仍能从流传至今的《遍行堂集》等书中领略他的禅理医论。

达生篇：岭南风流

达生之情者，不务生之所无以为；达命之情者，不务知之所无奈何。

——《庄子·达生》

日啖荔枝三百颗，不辞长作岭南人。

——苏轼《惠州一绝》

从唐朝开始，岭南的开发加快，被贬谪南下的士人也增多了，可是他们常常是不情愿地南下。唐诗中有著名的边塞诗，雄浑壮阔，体现着大唐气象。岭南也算是边疆，但是我们读南下文人们的诗，却满纸凄怨！这种心理欠缺达观，不利于养生。

与自命“风流天子”的南汉皇帝相比，宋代苏轼才是真的风流人物。他出奇地通达生命，率性修身。他说，岭南固然多病又无医无药，可是京师里死在庸医手上的病人也不见得少！既然来了，何不品尝佳果，安心居留？这份从容洒脱，不仅帮助他安然北归，并且让岭南的色调都明亮了起来。

◉清代张宝《泛槎图》中的《庾岭忆梅》图。唐代开元年间，张九龄主持扩建大庾岭新道，使其成为连通岭南岭北的主要通道，便利了人员来往。明代海南丘浚说：“兹路既开，然后五岭以南人才出矣，财货通矣，中原之声教日进矣，遐陬之风俗日变矣！”（《广文献公开大庾岭路碑阴记》）

流放悲歌

汉唐时代，在中原人士心目中，长江以南都是充满瘴气、蛊毒和蛇虫的地方，疾病横行，又缺医少药，无人愿意前往。可在政治上，中央王朝又必须派官员前往管治，所以只能将有罪官员贬谪过去。可以想象，这些人仕途失意已够伤怀的了，又被迫前往南方，自然没有好心情。所谓悲伤忧愁出诗人，岭南不巧地成为唐诗中一个著名的悲凉意象。

唐朝著名诗人白居易并没到过岭南，不过他有一首《送客春游岭南二十韵》，把岭南写得历历在目："阴晴变寒暑，昏晓错星辰。瘴地难为老，蛮陬不易驯。土民稀白首，洞主尽黄巾。……不冻贪泉暖，无霜毒草春。云烟蟒蛇气，刀剑鳄鱼鳞……"写岭南天气的变幻无定，冬无霜雪泉水不冻，蟒蛇鳄鱼为患，这些都是事实；进而说到草木含毒，人民寿命不长，以致"瘴地难为老"，恐怕就有五分夸张。

流放去岭南的诗人，往往在借这种凄凉意象来强化自己诗歌的感染力。曾任宰相的李德裕被贬海南，他的诗歌中，当地的景象是"风雨瘴昏蛮海日，烟波断魂恶溪时"（《到恶溪夜泊芦岛》）、"愁冲毒雾逢蛇草，畏落沙虫避燕泥"（《谪岭南道中作》）。著名的《悯农》（"锄禾日当午"）一诗作者李绅被贬到端州（今广东肇庆），作诗说："瘴江昏雾连天合，欲作家书更断肠。今日病身悲状候，岂能埋骨向炎荒。"（《江亭》）岭南虽然经常阴雨连绵，但现在到肇庆，你会有这种感受吗？可见还是跟心境有关。

另一位中唐诗人宋之问流放时也经过端州，作诗说："处处山川同瘴疠，自怜能得几人归。"（《至端州驿》）想想看，山川处处充满瘴疾，来者不知几人能回，实在令人害怕。结果宋之问做了一个大胆的决定，离开职位逃亡北归。当他翻山越岭回到中原，快进入洛阳时心情激动，信手写下了一句诗：

“近乡情更怯，不敢问来人。”（《渡汉江》）——很少人知道这千古名句的催生婆居然是岭南瘴患。

诗人对岭南的恐惧也不是无端端的。确实有不少流放的官员没能还乡，像李德裕最终死在“毒暑昼烁，瘴气夜侵”的海南。比宋之问早一年多贬来的官员高戬也病死于端州，宋之问正是受这件事的刺激才决定逃亡的。不过，这些人的病死如果完全归罪于岭南地域，那就失之偏颇了。后人分析，北方人来到岭南固然容易水土不服，但主要的问题是他们政治失败，精神压抑，情绪因素影响了抗病力，才更容易得病死亡呀。

韩诗多怨

韩愈与柳宗元，占据了唐宋八大家中唐代的两个名额。这两个人正好也都被贬到过岭南，在他们的诗文中，可以看到不少关于岭南环境威胁健康的描述。

韩愈到岭南两次，一次被贬阳山，一次被贬潮州。但两次所作的诗文都惹来争议。

在阳山时，韩愈目睹各类瘴气毒物，经常写入诗歌，如“山间讙噪猩猩游，毒气烁体黄膏流”（《刘生诗》），“有蛇类两首，有蛊群飞游。穷冬或摇扇，盛夏或重裘。……疠疫忽潜遘，十家无一瘳。猜嫌动置毒，对案辄怀愁”（《赴江陵途中》），“南方本多毒，北客恒惧侵”〔《县斋读书（在阳山作）》〕等。这些描写或写实或夸张，于诗歌并无不可。但他后来在《永贞行》一诗中再次描述时，却引来众多批评。

唐顺宗永贞年间，王叔文与韦执谊等执政，打击宦官，史称“永贞革新”。在宦官反击下，革新失败。顺宗被逼退位，宦官拥立宪宗。参与革新的官员纷纷被贬，其中韦执谊贬海南，刘禹锡贬连州，柳宗元贬柳州，都来到岭南。而韩愈则因宪宗即位大赦，刚刚离开岭南。路上碰到刘禹锡，于是写《永贞行》相赠。

这首诗前面大赞宪宗，称王叔文为“小人”，然后形容岭南景象说：“湖波连天日相腾，蛮俗生梗瘴疠烝。江氛岭祲昏若凝，一蛇两头见未曾。怪鸟鸣唤令人憎，蛊虫群飞夜扑灯。雄虺毒螫堕股肱，食中置药肝心崩。”

韩愈这是什么意思？那些憎恨宦官的文人，看了开头已很生气，觉得立场不正确，看到后头更是怀疑：岭南有这么夸张吗？韩愈是不是幸灾乐祸，“怨毒”柳、刘等人？只有清代诗人赵翼说，韩愈不过是想将岭南的艰苦情况及时告诉朋友，以使有所防备而已。我看这样说比较靠谱。至于韩愈因为得以离

◉广东潮州建有纪念韩愈的韩文公祠

开，诗里有点庆幸之意，那也属人之常情呀。

韩愈确实对岭南的瘴疠毒物有着很重的心理阴影。过了几年，他因为谏迎佛骨，再次被贬岭南。这次是来潮州，他在当地驱鳄鱼、建学宫，很有政绩。但从走向岭南开始，他就一副哀怜的模样。写的诗，先是“惊恐入心身已病，扶舁沿路众知难”（《去岁自刑部侍郎以罪贬潮州刺史》），碰到侄子又说“知汝远来应有意，好收吾骨瘴江边”（《左迁至蓝关示侄孙湘》），自认生还无望。到了潮州又说这里“恶溪瘴毒聚，雷电常汹汹。鳄鱼大于船，牙眼怖杀侬”（《泷吏》），给宪宗上表求情说：“州南近界，涨海连天，毒雾瘴氛，日夕发作。臣少多病，年才五十，发白齿落，理不久长。加以罪犯至重，所处远恶，忧惶惭悸，死亡无日……”（《潮州刺史谢上表》）看上去完全不像铁骨铮铮的样子，于是又被后人批评他“软骨病”。

其实，我们说“知人论世”，也不要完全以政治立场来评价呢。名人也是人，面对疾病生死，有所软弱并不奇怪。评论功过是非，还应要多看实绩。

柳州三方

韩愈离开阳山出岭南时，柳宗元正因“永贞革新”失败被贬南来，到韩愈第二次贬来潮州时他还待在柳州，最终死在那里，韩愈为他写了《柳州罗池庙碑》。这当然证明韩愈并没有与柳宗元这个革新派朋友反目。

作为唐代文人，柳宗元笔下的南方同样充满疾病意象。他的诗描写岭南，说“瘴江南去入云烟”（《岭南江行》），或“桂岭瘴来云似墨”（《别舍弟宗一》），都离不开“瘴“字。况且他亲友沦亡，好友司马凌准卒于桂阳，从父弟柳宗直死于柳州，因此对岭南的评价是“炎荒万里，毒瘴充塞”（《祭弟宗直文》）。

既然要在南方逗留，柳宗元就不能只是哀叹，须得花功夫来应付。例如岭南炎热到“山泽凝暑气”“流汗不可挥”的地步，怎么办？他的应对，一是“探汤汲阴井”（《夏夜苦热登西楼》）。柳州人本来没有打井的习惯，取水要到江边，柳宗元来后在城北挖了几口井，大大方便了人们，他也可以夜半汲水来降温。另一办法是“树竹邀凉飔”（《茅檐下始栽竹》），即广植竹林，竹送清凉，使正在患水肿病的他稍得安宁。

但是缺医少药怎么办呢？中医有不用药物的法子，那就是气功，唐代已然盛行，当时叫“服气”。柳宗元记载：“我闻畸人术，一气中夜存。能令深深息，呼吸还归根。”（《种仙灵毗》）不过这种养生术颇需要收心养性，他自认性情疏放学不来，养生还得依靠药物。没有药卖，就自已种药。在湖南永州时柳宗元种过仙灵脾、白术、白蘘荷等，来到柳州又“手种黄柑二百株”。黄柑除了可以吃，“滋味还堪养老夫”（《柳州城西北隅种黄柑》）外，大家都知道柑皮可以晒成陈皮，有行气化湿之功。

不过，疾病还是令柳宗元防不胜防，令他得了三次大病。

《寄韦珩》一诗记载，第一次“奇疮钉骨状如箭，鬼手脱命争纤毫”。那是元和十一年（816年），柳宗元得了一种疔疮重病，幸而用了一首验方，挖屎壳螂的心作药，吃了之后“鬼手脱命”，好了。

第二次是“今年噬毒得霍疾，支心搅腹戟与刀”。同在元和十一年，他得了干霍乱，症状是欲吐不出，欲下不能，几乎气绝。又幸而得到一首验方，拿盐汤与童便合服，又得救了。

第三次是素来患有的脚气病急性发作，从脚部开始水肿，往上一直肿到腹部，以至于三天不省人事。家人在朋友指导下，用杉木、橘叶、槟榔加童便治疗，又把他救活过来。

柳宗元这三次死里逃生，用的都不是正规方剂，但就地取材，取得奇效。所以，说古代岭南无医无药并不全对，只是许多民间经验缺乏整理。柳宗元特地将这三首验方记录下来，起名叫作“柳州救死三方”，寄给留心收集药方的朋友刘禹锡，让他写到书里。

◉清朝曾国藩辑《圣哲画像传》中的柳宗元像

土甘瘴轻

唐代文学家刘禹锡辅助王叔文进行“永贞革新”，失败后与柳宗元同时被贬，他被贬到广东连州。

作为同时代的人，刘禹锡在连州既不如韩愈之忧，也未患柳宗元之病。他虽然也说这里“南国异气候，火旻尚昏霾。瘴烟跕飞羽，沴气伤百骸”（《寄李六侍郎》），甚至也得过瘴病，从郴州出发时“便染瘴疟，扶策在道，不敢停留”（《连州刺史谢上表》），不过他的友人殷尧藩赠诗说：“遐荒迢递五羊城，归兴浓消客里情。家近似忘山路险，土甘殊觉瘴烟轻。”（《送刘禹锡侍御出刺连州》）说他安于岭南，并不以瘴病为苦呢。

为什么会这样？那是因为刘禹锡本人的医药水平堪称是专家级别。他自述少年时多病，常年受巫医治疗，体质很差，跟同龄人相比非常自惭，后来从一个世医家里借医书研读，历经三十多年，终于使医术达到“足以自卫”“家之婴儿未尝诣医门求治者”（《答道州薛郎中论方书书》）的程度。

医技在身，刘禹锡相当淡定。他有一句名言：“万物不可以无法，谓生不由养致，其诬乎!”（《答道州薛郎中论方书书》）意思是说，生命是要靠自己养护的，不可以放之任之。在连州政事无多，刘禹锡花了不少时间研究医药。当地缺乏常用养生药材，他按照友人传授的药材炮制方法，成功地使从内地带来的柴胡、泽泻等药物不受虫蠹，可以长期存放。朋友给他寄来一本《古今集验方》供他参阅，于是他又将自己收集的有效验方添补进去，起名为《传信方》。

所谓“传信”，就是疗效可信方可流传的中药方。这里面就有柳宗元在柳州亲自体验得来的“柳州三方”。另外还有不少岭南药方，例如他记载用诃黎勒，

“治痰嗽咽喉不利，含三枚殊胜”（《传信方》）。诃黎勒又名诃子，含诃子治喉咙痛，在广东人的生活中很常见。刘禹锡记载这个药还可治痢疾，后世有条治痢验方嘉禾散就用了此药，特别标明“须用广州增城县随风子”（《寿亲养老书》），因为诃黎勒是一种果实，常被风吹落，所以别名“随风子”。

前人说岭南瘴气如何可怕，先不说瘴气包括什么疾病，前提都得是有医有药，才不致束手无策。所以，像刘禹锡、柳宗元这样的文人被贬南来，于他们的人生自然是一大不幸，但对岭南来说，却是先进的医药知识和卫生观念传入的契机。事实也说明，积极以医药预防，在岭南生活并没有那么可怕。所以，刘禹锡可以平心静气地欣赏连州如画的风景，在回复浙江友人的诗句中写下名句：“剡溪若问连州事，惟有青山画不如。”（《送曹璩归越中旧隐诗》）连州专门建有一座“画不如楼”，以纪念刘禹锡。

风流天子

广州近年复建城隍庙，三尊城隍像中，有一个叫刘皇。他在历史上确有其人，乃是南汉的开国皇帝，原名叫刘岩，后来取“飞龙在天”之意，新造了一个“龑”字，改名刘龑。刘氏家族先前在岭南镇守多年，唐末天下大乱，刘龑便在广州称帝，割据一方。在他经营下，岭南被黄巢农民军打击后的对外贸易重新繁荣起来，又成为财富之地。

刘龑喜欢炫富，“性好夸大，岭北商贾至南海者，多召之，使升宫殿，示以珠玉之富”（《新五代史》）。他建了一座南薰殿，“柱皆通透刻镂，础石各置炉燃香”，为此他得意地对左右说：“隋炀帝论车烧沉水，争似我二十四个藏用仙人。纵不及尧舜禹汤，不失作风流天子。”（《清异录》）香气藏在殿柱上24个仙人身上飘出，胜于当年隋炀帝论车烧沉香，真是奢侈无极。

在《新五代史》里，刘龑被说得像个魔头，“龑性聪悟而苛酷，为刀锯、支解、刳剔之刑，每视杀人，则不胜其喜，不觉朵颐，垂涎呀呷，人以为真蛟蜃也”。《新五代史》作者是北宋的欧阳修。南汉是被北宋灭掉的，宋朝人自然不会说他的好话。不过，刘龑却也留下了一份官方传记，从而展现出不同于其他史书中的形象。

2000年番禺小谷围岛兴建大学城之际，发现了刘龑的坟墓康陵，里面有一块石碑，刻着《高祖天皇大帝哀册文》，就是大臣为他写的传记。里面描述的刘龑，“禁暴戢兵，讴歌狱讼”，哪有一点暴戾？他“视民如伤”，以至“朝野忭蹈，亿兆欢康”，其功德“三王可拟，五帝难俦”。风流是有一点的，“万机之暇，翠华爰处，花朝月夕，嬉游辇路”，那也是工作需要。

最奇的是刘龑的“天纵聪明”并“多才多艺”，不但“阴阳推步，星辰历数，仰观俯察，罔失常矩”，而且还医术如神。文章里说，刘龑“留情药

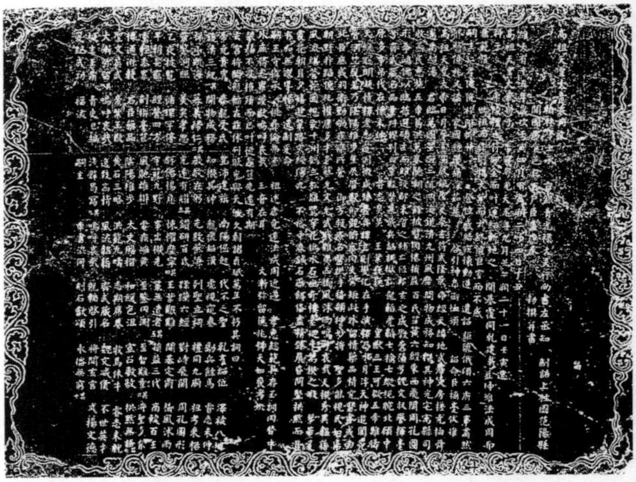

◉广州小谷围出土的《高祖天皇大帝哀册文》碑刻拓片

品，精究医书，或南北臣庶，或羽卫勤劬，疾瘵所萦，御方救疗，名医拱手，稽颡神妙”。大意是说，无论大臣庶民，还是近卫士兵，患病时便由刘龑开“御方”来治疗，其处方之精妙，足令“和缓色沮”，名医们无不拱手拜服，点头称妙。

不知被刘龑开方的病人是什么心态？病怕是没治好也得说好了。不过就算夸大，这位“天皇大帝”应该多少是知晓医药的，这改写了南汉时代的医学史。

碑文也记载了刘龑死前的医疗情况。公元942年二月刘龑得病，他自己怕是开不了药了，医生们“针石药饵，备尽精臻，晨昏问竖，拱默而退”，可惜病情“有加无瘳”，越来越重，赶紧安排儿子接位，到四月就“呜呼哀哉”了。

药洲方士

南汉皇帝刘龑，对广州城市建设很有贡献。他“缮营苑囿，想像十洲”，使广州城市面积得到拓展。当时城南番山、禺山被凿平，东西开凿东濠、西濠，城区向南扩展到珠江边。又在兴王府西凿湖五百余丈，湖中沙洲遍植花药，名为“药洲”。

药洲是刘龑一手打造的广州新景观。据说他“凿湖五百余丈，聚方士炼药于此洲，以是名”（《羊城古钞》）。洲旁还有一块“九曜石”，传说从太湖运来。九曜即日、月、金、木、水、火、土七政星配以罗睺、计都二星，这些本属印度占星术术语，唐代时始传入中国。另外南汉还在广州建有二十八寺，东南西北各七所，上应二十八宿。看来刘氏一家对中外玄学是兼收并蓄，难怪大臣恭维刘龑“博通术数”，“谈玄则变化在手，演释乃水月浮天”（《高祖天皇大帝哀册文》）。

药洲方士炼的什么药？书中没有留下具体记载。不过梁廷楠《南汉书·列传第八》里记载当时有个名医叫轩辕述，“精通岐黄术，治病多奇验，远近争趋之”，著有《宝脏畅微论》，内容为“变炼金石之诀”。既通医术又精炼丹的轩辕述与刘龑应该很投缘，也许正是当时药洲方士之一。

李时珍《本草纲目》引用了轩辕述著作的一些佚文，主要是谈金银铜铁等矿物及炼制方法。例如黄金，轩辕述介绍有五种“真金”，其中包括韶州一带出产的“山金”和近越南一带的“毒金”，这些金矿含有一定杂质，例如毒金“赤而有大毒，杀人，炼十余次，毒乃已”。另外有15种是“假金”。所谓“假金”，正是方士们的杰作，他们是将一些矿物加入药物炼制，实际是通过化学反应变成了合金，但外形变得近似黄金，足以以假乱真。这分明是制造假币的犯法勾当嘛，古代却视为“点石成金”的仙术。炼银也一样，有4种银矿

◉清代岭南画家苏六朋的《药洲品石图》

出产的“真银”，却有13种假银，“皆以药点化者”。假金假银的造伪术大有市场，所以中国炼金术流传到阿拉伯国家，后来又传入欧洲，人家把它变成了学问，叫化学。

所以药洲的“药”，看来不是治病的药，但炼制金银时的确要加入药物。轩辕述提到有时加一种马齿苋，又叫“马齿龙芽，又名五方草，亦五行之义”。马齿苋是家喻户晓的清热去湿良药，内服可治肠炎痢疾，外敷可治湿疹蛇疮；也可以做菜，凉拌、滚汤、煲粥，都有去湿保健之功，却不知道在方士手中可以用来炼丹。原来，马齿苋“叶青、梗赤、花黄、根白、子黑”（《本草经集注》），五色五行俱全，方士们看中的就是这一点。李时珍说“方士采取，伏砒结汞，煮丹砂，伏硫黄，死雄制雌，别有法度”（《本草纲目》）。现在看来似乎有点故弄玄虚，不见得对炼丹反应能起催化作用。

状元宫刑

南汉开国皇帝刘䶮的一项政绩是接受文臣建议，开设科举考试。朝中出过两个状元，一个是南海简文会，一个是龚州（今广西平南）梁嵩。然而袁枚《随园诗话》说：“刘䶮定例，作状元必先受宫刑。”这有点骇人听闻，莫非南汉时代，人生两大快事“洞房花烛夜，金榜题名时”只能得其一？

事实上，袁枚记错了少许。刘䶮并没有这个规定，但他的孙子刘鋹有。据《资治通鉴》记载，刘鋹在位时，“凡群臣有才能及进士状头（状元），或僧道可与谈者，皆先下蚕室，然后得进。亦有自宫以求进者，亦有免死而宫者。由是宦者近二万人，贵显用事之人，大抵皆宦者也。谓士人为门外人，不得预事。”

“下蚕室”就是施行宫刑的意思。难怪史书上除简、梁二位，没有再记录南汉状元，怕是没人敢去考了吧？然而按刘鋹的观念，不受宫刑的都不是自己人，不予重任。所以也真有追求名利的人，“自宫”求官。

南汉这种做法，实在有违名教伦理。北宋军队南下攻入广州时，指挥官潘美对这些宦官说：“吾奉诏伐罪，正为此等。”（《续资治通鉴长编》）他“斩阉工五百余人”（《宋史》），“阉工”就是宫刑的手术师，人数多到令人吃惊。

阉工们是怎么工作的？前面说的“蚕室”就是他们的工作场所。《史记》作者司马迁当年被宫，就是在“蚕室”完成的。唐代学者颜师古注：“凡养蚕者欲其温早成，故为蚕室，蓄火以置之。而新腐刑亦有中风之患，须入密室，乃得以全，因呼为蚕室耳。”可见“蚕室”是一个密封保暖的房间，术后身体虚弱，须在此将养恢复。

虽有蚕室，但手术仍有风险。出血过多怎么办？唐朝安禄山有一个办法，他给亲近侍人李猪儿“去其势”，“血流数升，欲死，禄山以灰火傅之，尽日而苏”（《旧唐书》）。用灰来止血是有医学道理的，不过要注意卫生。明代《本草纲目》则记载治“下蚕室创口不合”的另一种方法：“寻所割势捣粉，酒服。”“势”就是外生殖器。《本草纲目》的条目中有“人势”这个东西，曾被某些人非议。其实李时珍在条目中专门说明了“非药物也”，医生的职责是尽量记录可能有用的疗法以备不时之需，“人势”仅在特定情况下应用。清代医家沈金鳌补充说：“即非下蚕室，或自割其势，或误伤落其势者，治亦同。”（《杂病源流犀烛》）

早在春秋时代，管仲就说过，自宫的人连自己的身体都不爱惜，怎么会爱护君主呢？所以刘鋹那些“自己人”全不可靠。北宋大军南下时，被刘鋹史无前例重用为太师的宦官龚澄枢，居然说“北师之来，利吾国宝货耳。焚为空城，师不能驻，当自还也”（《新五代史》），让刘鋹将广州一把火烧了。宋军继续逼近，刘鋹事先造好准备出海逃亡的十几艘海船，被宦官们偷偷开走了。他只好向宋军投降，当了亡国之君。

素馨斜畔

南汉皇室刘氏家族自称祖先源自中原，但有日本学者考证认为他们是阿拉伯人后裔。这一点目前并无定论。唐代是一个种族多元的国度，仿佛今天的美国，刘氏家族如有外国血统也不奇怪。例如南汉皇帝的后宫，就有外籍妃子。如南汉后主刘鋹宫中有一位“波斯女”，“年破瓜，黑腯而慧艳……鋹嬖之，赐号媚猪”（《清异录》）。

刘鋹还有许多宠妃，有一位李蟾妃，“入宫有殊宠”，得后主以蕉叶题名为“扇子仙”。还有一些则以才学见长，甚至参与政务。刘鋹的父亲刘晟就曾“以宫人卢琼仙、黄琼芝为女侍中，朝服冠带，参决政事”，刘鋹因为不信任大臣，更是“国事皆决于宦官玉清宫使龚澄枢及女侍中卢琼仙等，台省官备位而已”（《资治通鉴》）。他当政时“有女学士十余人”，各具才华。例如卢琼仙有“身轻不许风中立，腕白愁教月下看”（屈大均《女官传》）的飘逸诗句，自夸白富美兼好身材；另一位宫人素馨写有《登城北山楼》诗，句如“城北山楼拥白云，雄图海国望中分”，颇有家国情怀。

美人若与名花相关，才更易千古流芳。素馨便是如此，据说素馨花因其而得名。该花原名耶悉茗，汉代“自西国移植于南海，南人怜其芳香，竞植之”（《南方草木状》），南汉美人素馨“性喜簪耶悉茗花，因名之素馨”。她死后坟墓就叫作“素馨斜”，《广东新语》载：“素馨斜，在广州城西十里三角市……有美人喜素馨，死后遂多种素馨于冢上，故曰素馨斜。至今素馨酷烈，胜于他处。以弥望悉是此花，又名曰花田。”甚至当时广州花市“所卖只素馨，而无别花”。清代广州河南仍然“家家衣食素馨花”（《羊城竹枝词》），可见受喜爱情况。

以前素馨只作为观赏植物记载，本草书并不收载，《本草纲目》始将其

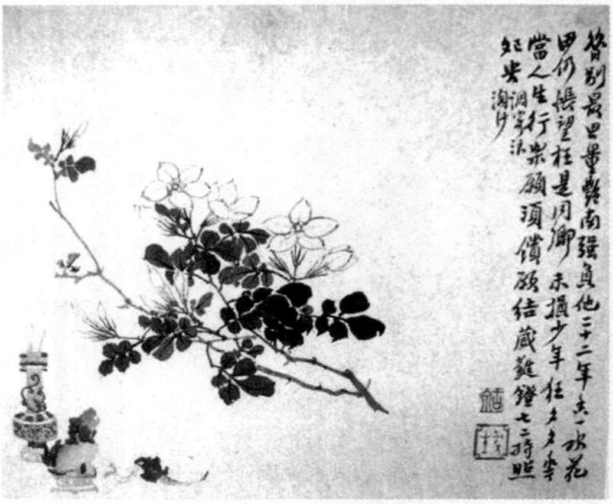

◉清代岭南画派名家居廉《十香图册·素馨》。居巢、居廉兄弟就生长在花田附近，居巢有《画素馨（予村居与素馨田接壤）》诗说："莫怪相看倍怜惜，莫愁生小是同乡。"

附录于茉莉花，但没有记载功效。还是广东人开发出了它的药食功能。例如制茶，明代广东大儒陈献章《素馨说》记载："取花之蓓蕾，与茗之佳者，杂贮陶瓶中经宿，以俟茗饮之人焉。"配成素馨普洱茶、素馨龙井茶等饮用甚佳。

药用功能方面，清初《广东新语》说它"怀之辟暑，吸之清肺气"；民国时《岭南采药录》说它是"解心气郁痛，止下痢腹痛" 的良药；当代广西籍国医大师班秀文称它"性平，无阴阳寒热之偏颇，且悦肝醒脾之功显著"，故岭南妇科相当喜用。

后宫自古多宫斗。清代诗人梁玉森作《素馨斜》，觉得刘张有蟾妃、媚猪这样的中外宠妃，才女素馨的处境难免是"负宠争妍秋复春，蟾姬妒嫉媚猪颦"。红颜命薄，加上朝代兴亡，"素馨斜"遂成为幽怨典故，晚清严复《转应曲》有句："南汉南汉，莫过素馨斜畔！"（《阳崎词稿》）这倒是呼应着素馨花善治妇科情志不舒的功能。

百药之长

《汉书》里有一句话，称酒为“百药之长”。古人一直深信酒有助于健康，广州东汉古墓曾经出土一个陶提筒，里面写着“藏酒十石，令兴寿至三百岁”，便是一个例证。

酒在岭南历史上还发挥着特别的作用。由于酒能运行气血，人们认为瘴气地区湿气重，须常饮酒以驱除身体不适。唐初官员卢祖尚就是以不会饮酒而不能抵御瘴气为借口，拒绝奉旨到岭南任官，以致被杀头的。

那么反过来，要鼓励人们来岭南，酒就是必不可少的了。宋朝正是如此。赵匡胤黄袍加身后，国库空虚，于是将酒收为国营专卖，规定“诸州城内皆置务酿酒，县、镇、乡、闾或许民酿，而定其岁课”（《宋史》），即城市里只准国营的“酒务”酿酒专卖，在未设“酒务”的村镇，百姓虽可酿酒，但必须交税。不过，此法岭南例外。

北宋殄灭南汉，岭南被称为广南。开宝四年（963年），广南转运使王明奏“广州酒曲原无禁法，军民取便酿卖”，宋太祖“诏依旧不禁”（《宋会要辑稿》）。为什么呢？北宋名臣真德秀做了说明：“酒之有榷，本朝所藉以供经费，其来尚矣。然后行于江浙诸路，而不可行于广南、福建者，盖瘴乡炎峤，疾疠易行，非酒不可以御岚雾，而民贫俗犷，其势不能使之必沽于官，故特弛其禁，以从民俗之变。”（《潭州奏复税酒状》）在岭南生活需要饮酒，但百姓贫穷无力向官府购卖，为民生计，只有放开允许人民自酿了。

自由的私酿，肯定比官府的独沽一味来得多样。所以宋代周去非《岭南代答》说：“广右无酒禁，公私皆有美酿。”官员被贬岭南，倒是有着可以随意饮美酒的补偿。苏东坡就很开心，在岭南写下不少关于酒的文章。如《桂酒颂》说：“吾谪居海上，法当数饮酒以御瘴，而岭南无酒禁。有隐者，以桂酒方授吾，酿成而玉色，香味超然，非人间物也。”

桂酒怎么酿呢？苏东坡曾将方法刻在罗浮铁桥之下，可惜今天看不到了。但他在诗里透露了关键，“捣香筛辣为瓶盆”（《新酿桂酒》），说明用的不是桂花，而是桂皮，并且要捣成粉末，所以酿成后色泽如玉。喝了之后，则有“肌肤渥丹身毛轻，泠然风飞罔水行”（《桂酒颂》）的效果，令肌肤红润，身体轻快。酒本辛散，桂又温中，桂酒确实有增强体质、抵御岚瘴的作用。

酒既如药，也就不可过饮。苏东坡有时虽会贪杯，称“使我有名全是酒，从他作病且忘忧”（《次韵王定国》），不过大多数时候是“饮酒至少，常以把杯为乐”（《和饮酒二十首》）。适量饮酒才会有益身心。

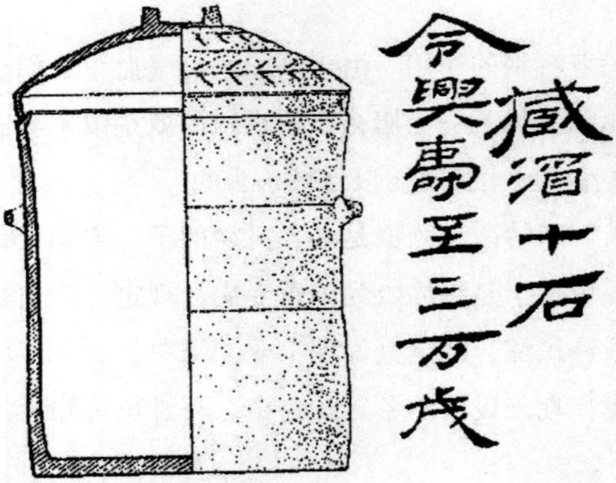

◉广州出土东汉陶提筒剖面及盖内侧墨书文字摹本。文字为“藏酒十石，令兴寿至三百岁”。取自《广州汉墓》（文物出版社，1981年）

广州医院

苏东坡是最早为岭南规划建设医院的人。

古代佛教寺院有收容贫苦病人的传统，苏东坡在杭州任职时，遇到瘟疫流行，首次动用政府力量介入。他创办一所“病坊”用于收容患者，由僧人负责照料，政府派出医生巡治并施赠药物，为人们所称颂。被贬到惠州后，有一年广州疫病流行，苏东坡致信广州官员王敏仲说：“广州商旅所聚，疾疫之作，客先僵仆，因熏染居者，事与杭相类。莫可擘划一病院，要须有岁入课利供之，乃长久之计，试留意。”（《与王敏仲之九》）将杭州经验全盘托出，并提出经费方面的设想。

王敏仲有没有听苏东坡的话不得而知，不过南宋时有官员做了这件事。宋朝李昴英《文溪集》记载，1255年提举广东常平官员刘震孙，“仿东坡在杭蓄钱粮作病坊故事”，设立寿安院，地在当时西城的威远门之内。其规模，“穷堂闳闳”，“修廊渠渠”，“对辟十室，可容十人。男东女西，界限有别”，男女病房共有十间。负责人员方面，“干僧其左，医局其右，病无依者以告，随得入。诊必工，药必良，食必精。烹煎责两童缁”，既有医生诊病，又有工人煎药。护理方面虽然没有女护士，但有负责照料的僧人也相当于男护士了。对医生还有监管措施：“必恪日欲，闻所苦重轻，课医之效。”即根据病人情况的好坏来判断医生的疗效。难怪现代史学家陈垣对此感叹说：“呜呼！在十三世纪间，吾粤乃有是美备之医院，惜乎后人莫之续也！”（《粤中医院之始祖》）

但这所“医院”并不是给普通广州人住的。古代人的就医观念与现代不同，得了病习惯留在家中由亲人照看，只有无亲无故者才会依靠陌生人。所以当时寿安院里收留的都是“无依者”，包括鳏寡孤独的穷人、川浮陆负的

◉广州六榕寺的《苏文忠公笠屐像》碑刻拓片。苏轼谥文忠

商人、驰书传檄的信使等。李昴英记载，这些人身在异乡，一旦生病，经常被赶出旅栈，有时病死街头。而城厢巡逻兵将此视为奇货，一发现有死亡就向周边的人家大事勒索，成为社会一害。寿安院针对的是这类问题，它并非全民性的医疗机构。

寿安院建立后，“扶曳来居无虚日，全活甚众”，病死者由院方予以掩埋，痊愈的则资助使之返家。如此施医赠药甚至资助丧葬与旅资，花销不小，经费从何而来呢？别忘了创办者刘震孙的身份是“提举广东常平”，即管理广东常平仓的官员。常平仓是政府平抑粮价的机构，每年在粮多价低时收购粮食，在缺粮米贵时售出。这样就会有不少差价收入。这些钱，宋代政府规定主要用于公益。刘震孙将广州南濠街仓库的收入固定划拨用于维持寿安院，“入足以当所出”，从而使这所“医院”延续了许多年。

白云山水

水是生命之源，可是也孕育细菌，不洁的水会成为疾病的温床。古代没有饮用水的国家标准或地方标准，但是对水的质量还是有讲究的。

宋代的广州，现今的下九路、大新路一带在当时还是海岸，城中水源容易受海水影响，不大适合饮用。那时好管“闲事”的苏东坡住在惠州，却很关心广州。有一年广州发生疫病，苏东坡写信给知州王古（字敏仲）说：“广州一城人，好饮咸苦水，春夏疾疫时，所损多矣！惟官员及有力者得饮刘王山井水，贫丁何由得？”他说城中只有刘王山井（今越秀山下越王井）的水适合饮用，却被官府霸占住。苏东坡建议：“惟蒲涧山有滴水岩，水所从来高，可引入城。”他把方法详细介绍说：“于岩下作大石槽，以五管大竹续处，以麻缠之，漆涂之，随地高下，直入城中，又为一大石槽以受之，又以五管分引，散流城中，为小石槽以便汲者。不过用大竹万余竿，及二十里间，用葵茅苫盖，大约不过费数佰千可成。”（《与王敏仲之九》）

白云山蒲涧的水，在古代是有名的。《食物本草》一书说，蒲涧“水极清冷，异于常流，味甘而香”，甚至有“主开心益志，明耳目，安神魂，养老扶衰，壮筋骨，善记诵”的功效。但民众并不可能每日上山打水，所以苏东坡在罗浮道士邓守安的指点下向王古提出引水入城的建议。他憧憬此事若成，“则一城贫富同饮甘凉，其利便不在言也。自有广州以来，以此为患，若人户知有此作，其欣愿可知”。

苏东坡虽然名满天下，在岭南却是戴罪之身，按说不能干预政务。但广州知州王古却很听他的话，立刻着手去做。苏东坡关注工程进展，稍后又写信说：“闻遂作管引蒲涧水，甚善。每竿上，须钻一小眼，如绿豆大，以小竹针窒之，以验通塞。道远，日久，无不塞之理。若无以验之，则一竿之塞，辄累

◎南宋的石水笕拓片。石水笕就是苏轼信中所说的用来连接竹竿的接口石槽。此石水笕在民国初年广州拆城墙时被发现，长43厘米、宽19厘米、高21厘米，石面所刻文字为："城南厢信女傅氏二娘，舍钱造石水笕，祈保平安者。绍定三年七月中元题"

百竿矣。仍愿公擘画少钱，令岁入五十余竿竹，不住抽换，永不废。"（《与王敏仲之十五》）对如何防止竹筒淤塞提出具体意见。现在广州博物馆藏有一个南宋时的石水笕，就是当时连接竹竿的接口石槽，证明这一引水设施确实一直在应用。

然而苏东坡的热心肠，却也许连累了朋友。王古与他一样同是被贬来岭南的，二人都是属于反对新政的"元祐党人"，到了岭南还这样密切来往，难免再度触怒朝廷。不久之后，王古就被褫职调离，罪名之一是"妄散邦财"（《宋史》），办民生工程自然要花钱；另一条罪名可能更主要："缔交合党则余力不遗于私门，称德归恩则一言不及于公上。"（《王古落职制》）这个"缔交合党"，恐怕指结交苏东坡了。

惠州大夫

医生被称为“大夫”，据清代经学大师俞樾说源自宋朝：“北人称医为大夫，南人称医为郎中……盖宋制，医官有大夫、有郎也。”（《茶香室丛钞》）也就是说，“大夫”“郎中”本来是医生的官称，就好像现在称领导为×处、×局一样，后来变成了所有医生的通称。这其实是“官本位”思想的泛滥。

在官本位的国度里，医生可以获封什么样的官职，确实是地位高低的标志。宋朝为医生设立专门官名，有从六品的和安大夫、成和大夫、成安大夫，正七品的成全大夫、保和大夫、保安大夫，以及从七品的各种“郎”：和安郎、成和郎、成安郎、成全郎、保和郎、保安郎。官位级别比前朝大为提高，所以很令时人羡慕。

其实如果不是朝廷曾加以限制，医生或许还会多一种叫法——“奉御”，即供奉御用之意，那是精选留在宫中值守的御医的专有称呼。那时医官均以称呼“奉御”为荣，但有的其实并未入过宫。针对这种僭称高阶官名的风气，宋太宗时曾专门发下“纠风”文件：“中、外文武官员称呼假借，逾越班制，伏请一切禁断。”其中特地提到“医官不得呼‘奉御’”（《宋史》）。

宋朝政府任用的医官数量不少，最多时达近千人。他们除一部分值守京城外，更多的人会被分派到各地“驻泊”，于是医生官称在全国流行。南北叫法之所以会不同，可能是因为官阶高的“大夫”多留在内地，而被派到南方的则通常是官阶较低的“郎”。

最偏僻的岭南，恐怕不会有高阶的“大夫”前来任职。不过宋代却有一位儿科名医张涣，官位是“成安大夫惠州团练使”。此人来头不少，甚至可以算是个“奉御”。据载，宋徽宗的儿子寿王癫痫发作，“诸大名医莫之安愈”，五代世医的“草医士”张涣被召入宫，“用药即效”（《活幼心书》），于是被封为医官。这么一位御医，肯来岭南惠州当官？其实不要上官名的当，宋代的官制特别复杂，这种“团练使”前面如果有“成安大夫”之类官阶名，那叫作“遥郡”，不用去任职的，相当于荣誉称号。元代医生曾世荣评论张涣的医方说：“张氏，北人也……南人得病，以北人处方，自是道理相反，意议不同。”（《活幼心书》）认为他的医方并不适合在南方应用，可见张涣完全没有在南方行医的经验。

宋代的惠州没有“大夫”，但医官是有的，不过仅有官阶序列最低的从九品的“医助教”。苏东坡在惠州曾替人公关过这样的一个职位。他致信广州知州王敏仲说：“有医人林忠彦者，技颇精，一郡赖之，欲得一博士助教名目，而本州无阙，不知经略司有阙可补否？”（《与王敏仲之十三》）“本州无阙”说明惠州已有人任职。王敏仲很卖苏东坡的面子，林忠彦“遂蒙补授”广州医职。

白云在天

很多书介绍过苏轼养生思想中的“和”“安”理论。“和”是平和自然，“安”是顺应规律，都见于苏轼的《问养生》篇。但此篇开头说得很清楚：“余问养生于吴子，得二言焉，曰和，曰安。”即这些道理是“吴子”讲给他听的。

这个“吴子”，叫吴复古，字子野，北宋潮州揭阳人。史载他为人高洁，“遍交公卿，然一无所求”（《潮州府志》）。如果用吴复古作线，他的交游可以串出一批北宋名人，除了苏轼、苏辙，还有苏门四学士中的晁补之、黄庭坚、秦观，大臣沈括，上《游民图》反对王安石的郑侠，状元黄裳，广州知府蒋之奇……

苏轼认识吴复古在去岭南之前，得自名臣李师中的介绍。苏轼说：“李公人豪也，于世少所屈伏，独与子野书云：‘白云在天，引领何及！’”可见

◉吴复古晚年隐居于潮州直浦都（现广东省汕头市潮阳区金灶镇），该镇金沟村现有复古桥，桥名即苏轼所题

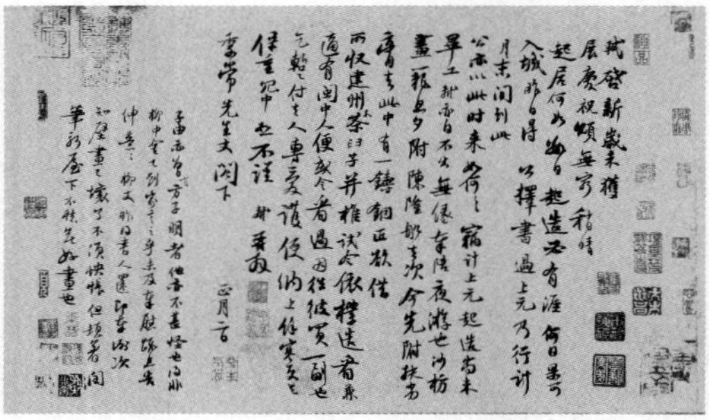

◉苏轼手书《新岁展庆帖》，故宫博物院藏。右数第8行说：“沙枋画笼，旦夕附陈隆船去次，今先附扶劣膏去……”

对吴复古评价极高。吴复古认识苏轼后，跟他谈了许多养生道理，苏轼记载：“子野一见仆，便论出世间法，以长生不死为余事，而以练气服药为土苴也。仆虽未能行，然喜诵其言，尝作《论养生》一篇，为子野出也。”（《答吴秀才书》）这是《问养生》（即《论养生》）名篇的问世因由。

苏轼未去岭南时，对南方物产所知不多。1082年吴复古托人送沙鱼、赤鲤和扶劣膏等物品到黄州，苏轼说：“沙鱼、赤鲤皆珍物，感怍不可言。扶劣膏不识其为何物，但珍藏之，莫测所用。”（《答吴子野》）为此他还到处打听，如写信问李公择：“近有潮州人寄一物，其上云扶劣膏，不言何物。状如羊脂而坚，盛竹筒中，公识此物否？味其名，必佳物也。若识之，当详以示。可分去，或问习南海物者。”（《与李公择》）故宫三希堂珍藏有一封苏轼手书写给陈季常的《新岁展庆帖》，也说附扶劣膏寄送。其实这个“扶劣膏”是什么，到今天我们也不知道。晚明时金堡著《遍行堂集》，感谢人家送他“清河参”说：“比于东坡所得扶劣膏，抑又胜矣。”拿来跟人参相比，应该也是一种补品吧。

苏轼到岭南后，吴复古也经常来看他，这时倒没再提什么“扶劣膏”，但生活中点滴教给苏轼的许多养生常识，更为有用。例如吃白粥，《梁溪漫志》载：“东坡一帖云：‘夜坐饥甚，吴子野劝食白粥，云能推陈致新，利膈养胃。僧家五更食粥，良有以也。粥既快美，粥后一觉，尤不可说！尤不可说！’”这是对有名的“潮州粥”的最好宣传。

吴复古还教他吃芡实，说“芡实盖温平尔，本不能大益人”，但是强调：“人之食芡也，必枚啮而细嚼之。”芡实味淡，又须细嚼慢咽，这是养生关键——“人能淡食而徐饱者，当有大益”（《食芡法》）。

这些道理，苏轼和我们听了都受益不浅。

东坡食芋

苏轼记载在惠州吃过一种土芋，潮州人吴复古教他如何吃才有益说：“芋当去皮，湿纸包，煨之火，过熟，乃热啖之，则松而腻，乃能益气充肌。”而“惠人皆和皮水煮冷啖，坚顽少味”（《记惠州土芋》），对身体不好。这里说的土芋，苏轼提到它在北方叫蹲鸱，这是芋头的古名。

后来，苏轼的儿子苏过又发明一种与“芋”有关的菜式：“过子忽出新意，以山芋作玉糁羹，色香味皆奇绝，天上酥陀则不可知，人间决无此味也”。玉是“芋”的谐音，而糁，《礼记·内则》说：“糁，取牛、羊之肉，三如一，小切之。与稻米二，肉一，合以为饵，煎之。”所以苏过这碗羹里可能加了肉碎，因而色香味美，深为苏轼所赞许。

可是玉糁羹的原材料“山芋”是什么，却成了一宗学术疑案。

一般认为还是芋头。例如北宋王十朋《食芋》诗说：“我与瓜蔬味最宜，南来喜见大蹲鸱。归与传取东坡法，糁玉为羹且疗饥。” 南宋陆游也说：“西游携得蹲鸱种，且共山家玉糁羹。”（《病中杂咏》）《广东通志》更直接说：“银芋……粤俗多用以为齑……苏过常以作玉糁羹云。”

但有人认为是山药。《浙江通志》在“山药”条下说山药“兼作东坡玉糁羹”。很多专家同意这种说法，并找出更多根据。如汉代《神农本草经》说：“署预……一名山芋，生山谷。”署预即薯蓣，“因唐代宗名预，避讳改为薯药；又因宋英宗讳曙，改为山药”（《本草衍义》）。与皇帝名字同音都不行，“署预”被迫改名换姓成为“山药”，所以山芋也就是山药的别名。

还有一种说法是红薯，不是指明朝才从国外传入的番薯，而是海南出产的甘薯。晋代嵇含《南方草木状》说：“甘薯，盖薯蓣之类，或曰芋之类。根叶亦如芋。实如拳，有大如瓯者，皮紫而肉白。蒸鬻食之，味如薯蓣。性不甚冷，旧珠崖（指海南）之地，海中之人皆不业耕稼，惟掘地种甘薯。”在《辞源》里，山芋就是甘薯的别称，也列举了东坡玉糁羹为例。有一年的《海南日报》还介绍说当地地瓜稀饭就是古代玉糁羹。

苏轼父子到底吃的什么，还有劳专家们继续费心考证。从美食的角度，有心人不妨分别用芋、山药和甘薯来做“玉糁羹”，看哪一种最好吃。但功用上的区别也需要留意。按《食物本草》介绍，山药最有益于人，“凡患人体虚羸者，宜加而用之”；甘薯也不错，“海中之人多寿，亦由不食五谷，而食甘薯故也”；但芋头就不能多食，“多食难克化，滞气困脾”，而且“冬月食不发病，他时月不可食”，这也许不绝对，但亦应注意。

海漆新药

苏轼在惠州，想着“今者北归无日，因遂自谓惠人”（《答孙志康书》），打起“长作岭南人”的主意，在惠州修建房子，安然生活。他写了一句诗：“为报诗人春睡足，道人轻打五更钟。”（《纵笔》）结果传到他的政敌、朝中主政的丞相章惇那里，觉得惠州也太舒服了吧，遂再下令将苏氏兄弟贬往更南的地方。苏轼字子瞻，就贬往海南儋州；苏辙字子由，就贬往雷州——地名与人名有一个字有相同部件。章惇这是将他们戏弄于掌心呢。

海南更为炎热，苏轼去了说：“岭南天气卑湿，地气蒸溽，而海南为甚，夏秋之交，物无不腐败者。人非金石，其何能久？”（《书海南风土》）而且儋州“食无肉，病无药，居无室，出无友”（《答程天侔书》），难免“凄然伤之曰：‘何时得出此岛也？’”不过苏轼是最达观的人，懂得换个角度来想：“天地在积水中，九洲在大瀛海中，中国在少海中。有生孰不在岛者？”（《试笔自书》）凭着这种超级健康的心态，他又安然了，开始留心研究海南物产，并意外地发现一味良药。

他发现有一种“倒黏子”植物，“结子如马乳，烂紫可食，味甘美，中有细核，并嚼之，则瑟瑟有声，亦颇苦涩”，此果“儿童食之，或大便难”，当地人用它的叶子来治痢疾泄泻。人们还用来代替柿漆，“海南无柿，人取其皮剥浸烂杵之，得胶，以代柿漆，盖愈于柿也”（《海漆录》）。柿漆是将柿子加水捣烂，过滤去渣后，剩下的胶状物即是，入药有收涩的作用，同时也是日用品，将它涂抹在雨伞、笠帽等表面，可以防水。海南用稔子代替柿子制漆，是一个手工业发明。

倒黏子现在叫稔子，又叫桃金娘，在广东、广西、海南常见，人们都很熟悉。唐刘恂《岭表录异》已有记载：“倒捻子……食之甜软，甚暖腹，兼益肌

◉清代状元、植物学家吴其浚编《植物名实图考长编》中的桃金娘图

肉。”但对功能记载得并不全面，所以苏轼做的补充非常重要。尤其说稔子多吃会便秘，现在乡下长辈都会告诫子女不能贪多。

苏轼当时正为疾病苦恼：“久苦小便白胶，近又大腑滑，百药不瘥。”岛上别无他药，于是根据稔子能收涩的性能，“取倒黏子嫩叶，酒蒸焙燥为末，以酢糊丸，日吞百余，二腑皆平复。然后知其奇药也。因名之曰‘海漆’”（《海漆录》）。这个功效，是他的特别发现。后来屈大均《广东新语》据此归纳说：“非漆而名为漆，以其得乙木之液，凝而为血，而可补人之血，与漆同功，功逾青黏，故名。取子研滤为膏，饵之又止肠滑。以其为用甚众，食治皆需，故又名都捻。”现在稔子仍是岭南食疗佳果，可以用来酿酒、制果汁，还可以煲猪肚等。

苏轼在海南还积极种菊花、采苍耳和煮茵陈等食疗。那份随遇而安的达观，真是贬到哪里都打不倒，这使他等到了北归的时刻。

贬流恩怨

公元1100年，宋哲宗病逝。此时一味针对苏轼的丞相章惇，在皇位继承这件事上站错了队，他反对的端王登了位，是为宋徽宗。不久，章惇被贬，而苏轼、苏辙兄弟则获赦。

章惇被贬到岭南雷州。苏辙曾被他贬到这里，当时章惇下令不准他住官舍，于是苏辙去租民房，章惇又说他“强夺民居”，幸好苏辙保留着租约，才无话可说。这回轮到章惇来了，他也去找那家房东租房，结果房东冷冷地说：“前苏公来，为章丞相几破我家，今不可也。”（《宋史》）

不过苏轼对章惇，却完全没有这种“一报还一报”的心态。章惇的儿子章援是苏轼的门生，北归后的苏轼听到他们全家都要去岭南，倒是很挂念他们如何适应岭南环境。他给章援写了封信说：“往者更说何益，惟论其未然者而已。”表明既往不咎，然后关心地说：“海康风土不甚恶，寒热皆适中，舶到时四方物多有。若昆仲先于闽客川广舟中，准备家常要用药百千去，自治之余，亦可及邻里乡党。”（《与章致平》）介绍在岭南的生活经验，交代要多备药物。还专门对年老的章惇提供重要的劝告，说在岭南虽应注意养生，“然可自内养丹，切不可外服物也”，告诫不要服用外丹，并将他自己写的有关内丹养生的文章《续养生论》抄录寄呈。

章惇得罪的人太多了，宋高宗时下诏其“子孙不得仕于朝”。据说“诏下，海内称快”（《宋史》），所以章家子孙一直留在南方。但是他们听从苏轼的劝告，认真研究医药，结果出了一位医学专家，就是章惇的孙子章杰。

章杰在南方生活时间久，后来朝廷对章家的禁令解冻，他得以在岭南任职。绍兴七年（1137年），“章杰为广南东路转运副使。杰初以家世坐斥，至是复起”（《建炎以来系年要录》）。根据在岭南为官和生活的体会，他写了一本《岭表十说》，专门谈在岭南养生防病的经验。书里写到岭南的缺医少药情况，如俚俗信巫不信医，郡县荒僻医药缺如；会府大邦，间有医药，高价不售；人民有疾，不免投诚于鬼等。又记载有瘴病的各种分类和治疗方药，但他反对食槟榔治瘴，指出“峤南地热，食槟榔，故脏气疏泄，一旦病瘴，当下则虚羸而本不能堪”；也反对饮酒辟瘴，认为“南土暑湿，嗜酒则多中暑毒”，饮酒恰“乃瘴病之源也”。

章杰特别提醒说，在岭南生活要多加留心防护。如气候多变，衣着要记得随时添减，“凡居人与在路者，冬夏之服皆不可缺，随其气候，速宜增减，稍缓则能致病”；又强调饮水卫生，主张“经烹煎则非生水”才能饮用等。

与其执着于政治得失与人间恩怨，不如用心探究养生。苏、章两家，在这一点上殊途同归了，还都做出了成绩。

甘草止哭

海南琼山丘浚，是明代岭南名人。他的命运，据说被7岁时的一场病决定了。据载："丘琼山七岁痘，亦遍身俱黑，父忧哭。一渔父烛之，跃然曰：紫垣中辅弼宿，落于此田舍翁家。取笔书辅弼二字于子背上而去。"（《续名医类案》）痘指天花，是一种严重的传染病。渔父观察痘的分布形态，判断他将来可以富贵。果然，丘浚24岁高中广东解元，34岁进士及第，后来官至礼部尚书、户部尚书兼武英殿大学士。

可是如果没有这场病，丘浚的官可能当得更大。《广东通志》载："廷试，拟弁多士，或为貌寝，置二甲等一。"意思是本来要录取为状元，可是嫌他相貌难看，从一甲第一降为二甲第一——丘浚这是有多丑？原因可能是得天花后满脸痘痕成了麻子脸，这是天花对人最主要的伤害之一：或者死，或者毁容。

貌丑心美。丘浚有《大学衍义补》这样的学术巨著，对儒学颇有贡献。现代人恐怕没工夫读这本著作，但另一本小书《群书钞方》可以见证他的仁心。

丘浚出身于医学世家，爷爷是海南临高的医官。明代的医户要世袭，丘浚父亲早死，由丘浚大哥承袭了医官职位，他这才可以专攻举业。博读百家之书的丘浚，有一次读到宋代叶梦得《避暑录话》中的一条方子，引起他强烈感触。这条方子叫"避难止小儿哭"方，说在避兵乱时，用棉球渍甘草水，塞入小儿口中，小儿嘴被塞住，又甘甜可口，便不会哭喊引来盗贼或乱兵。从叶氏记载，可见当时战乱之苦："兵兴以来，盗贼夷狄所及无噍类。有先期奔避，藏匿山谷林莽间，或幸以免。忽襁负婴儿啼，声闻于外，亦因得其处。于是避贼之人，凡婴儿未解事者，不可戒语者，率弃之道旁，以去累累相望。哀哉！"由于小儿啼哭可能导致全家被发现，有的父母不得已将婴儿抛弃，这种人伦惨剧令人心酸。叶梦得说："有以此法教之者……巳酉冬，虏自江西犯饶

◉海南五公祠《明邱文庄公遗像碑》（清道光年间立）上的丘浚像

信，所在居民皆空城去，颠沛流离道上，而婴儿得此全活者甚多。”

丘浚读后，“叹此法平世诚无所用之，不幸而遇祸乱，其全活婴孺之命当不可胜计”。他要加以推广，“然单方不能以孤行”，于是就为此又继续抄录许多有用的验方，集成一册，“积久成帙，名曰《群书钞方》，藉众方以行此一方，俾广传于久远耳”。这是丘浚著作中最别具一格的一本。

若说甘草，确实是一味良药，它味甘补脾，生用清热，蜜炙缓急，各凉茶品牌配方中无不有它。但这则甘草甜味止哭的故事，功用超出了医学，实令人感慨“宁为太平犬，莫为乱离人”。

白沙静坐

明代大儒陈献章，是古代广东唯一一位能从祀孔庙的文人，他是广东江门人，曾在白沙村居住，世称白沙先生，弟子众多，史称江门学派。

江门学派属于理学。理学在古代学术中是比较难懂的，既不如先秦诸子有趣，又不似佛道两教直观。《明史》说：“献章之学，以静为主。其教学者，但令端坐澄心，于静中养出端倪。”静坐能悟出什么端倪？那便是他号称“心学”的大道理了，具体内容在此不提，但他这种以静坐为主的学术取向的形成，在我们看来跟他的身体大有关系。

陈献章自小体弱，自称“无岁不病”。19岁中举之后，曾三次进京会试都不幸落第。有个故事说，他科举作文章有“物各有其等，圣人等其等”的句子，“考官戏批其傍云：‘若要中进士，还须等一等。’”（《尧山堂外纪》）这事被人们当笑话来讲，对陈献章却是重大打击。后来他55岁时，得广东地方官的推荐入京，本来说要到吏部任职，到了却说还要考试，陈献章推说“久劳道路，旧疾复作”，不肯应试。拖了一段，又说“日复一日，病势转增，耳鸣痰壅，面黄头晕，视昔所染，无虑数倍，众目所睹不敢自诬”（《乞终养疏》），加上母亲有病，请求还乡。后人都说陈献章当时是不甘受辱，但有病看来也是实情。他的诗文屡屡以“病夫”自号，甚至传给弟子湛若水的都称作“病夫之衣钵”（《赠江门钓台诗》）。关于具体病情，他曾说：“仆自染疾来，六七年间，每遇疾作，遍身自汗若雨，或遭数月不止，既止复作，畏劳怯冷，沉绵反复，元气浸耗，力加防慎，庶几保全。”（《与朱都宪》）可见身体长期虚弱。所以，他“静坐”做学问的主张，其实也是适合他身体的养生方法。

静坐在古代，为各家学派所提倡，例如道家内丹、佛教禅定都以静坐为基础，并且方法比较具体。陈献章虽是儒家，但也参考了它们的做法，如说："佛氏教人曰静坐，吾亦曰静坐；曰惺惺，吾亦曰惺惺。调息近于数息，定力有似禅定。"（《复赵提学佥宪》）"惺惺"的意思是虽静坐不动但不能昏昏沉沉，更不要睡着。初练者为了做到这一点，可以"数息"即数呼吸次数来帮助集中心神。达到一定的境界后，就具备了定力，包括身体定，不会松松歪歪；也包括精神定，思维不会散乱。

达到"定"的境界有什么用呢？佛教说开悟，道家说成仙，陈献章说是"见道"。其实这些宗教或学术色彩都可以抛开，最实际的是对健康有益，可以很好地调节精神和身体状态。陈献章说："若平生忙者，此尤为对症药也。"（《与罗一峰》）这对现代社会的人们也特别适合。

方“总舵主”

赫赫有名的天地会起源在哪里，现在还是个谜。有一种说法：天地会的创始人是明末四公子之一的方以智。

方以智是安徽桐城人，明末进士。李自成攻破北京时，他居然去为崇祯哭灵，“被执，加刑毒，两髁骨见，不屈”，清兵入关后方以智趁乱逃脱，投奔南明小朝廷，但被当政的马士英等人中伤，“遂流离岭表……变姓名，卖药市中”（《清史稿》）。南明败退到广东后，曾召他入朝，“固称疾，屡诏不起”，后来出家为僧（传说天地会创始人正是个僧人）。晚年归隐江西青原，因“粤难”被清廷逮捕，自沉于江。“粤难”指什么？史书讳莫如深，有专家猜测可能指他因创办天地会被人告发，他的自尽则使案件终结，保护了会众安全，但也就没有留下确凿资料。

这些原是学者一家之言，但有媒体就据此将他称为天地会首任总舵主了。《清史稿》载方以智“博涉多通”，“天文、舆地、礼乐、律数、声音、文字、书画、医药、技勇之属”无不精通，似乎还真有点像。他的哲学著作《东西均》，艰深程度也不亚于天地会切口，有人干脆说那就是天地会的培训教材。

这位“总舵主”的教材里喜欢讲“三”，有一套复杂的“三点”理论——巧的是天地会也曾称“三点会”。书里信手拈药物来比喻三种人生态度。哲学总是让人面对从何处来、往何处去这样的生死问题，方以智说，有的人，“无生死，不求脱离，累亦不累，此天酒也”，天酒长醉何用醒？根本不想自然不累，这其实也很幸福；有的人，“怖生死，求脱离，此黄、礜也”，看破了生死非要出家，就像服大黄、礜石这样的猛药；而有的人，“不能不为生累，而以学问化之，此枳、苓也”，这种人一边思考人生的沉重，一边勇于用学问来转化，如同服枳壳、茯苓之类健脾理气，是积极的人生。若不是精熟药性，真

◉方以智像，取自《安徽先贤像》

难比喻得这样精到。

熟悉药性还是这位大哲学家在岭南赖以谋生的本领。他“卖药市中”，“但操医卜技，糊口即乘兴”（《出入愁十首》）。在岭南见识的一些药材对他大有帮助。他在《物理小识》一书说：“广西四种妙药，瞿稼轩年伯取以济人极验。”其中之一是有“止血、散血、定痛”功效的三七，是明代才发掘应用的良药。明代皇帝喜欢廷杖大臣，以前人们说蚺蛇胆可以防身，方以智认为不如三七：“被杖士夫皆谋蚺蛇胆，愚谓此太寒，令人绝嗣，不如三七、无名异、地龙，蜡丸酒服，则杖不知痛。”（《物理小识》）不管是不是天地会总舵主，对于一生反清复明的他，这些药还真有必要备用防身。

扶生篇：医药移俗

岭表之俗，疾不呼医，自皇化攸及，始知方药。
——赵匡胤《商人赍生药度岭者勿筭诏》
惟医以救死扶生为功。
——刘基《全婴堂序》

医药是对付疾病、扶持生命的基本手段。人们平时所说的养生，应当以医药知识为基础，否则，与神巫祝告、术士施法（这些有时也不无功用）就难以区别了。在地区开发中，政治军事成败和百姓安居治生，也有赖于医药保障。这在岭南尤其明显，所以经常可以看到地方官员把医药作为重要政务之一。

千百年来，岭南医药与经济、文化等相扶共进，合力易巫俗为卫生之俗，促进着地区的发展。

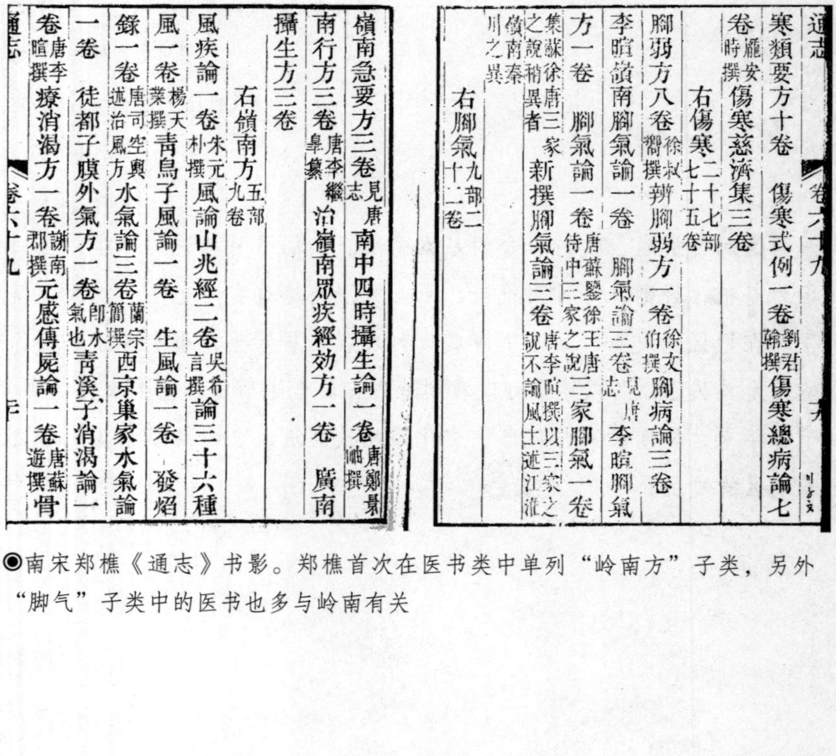
通志 卷六十九

寒類要方十卷 傷寒式例一卷劉君翰撰 傷寒總病論七卷龐安時撰 傷寒慈濟集三卷

右傷寒二十七部七十五卷

腳弱方八卷徐叔嚮撰 辨腳弱方一卷徐文伯撰 腳病論三卷 李暄嶺南腳氣論一卷 腳氣論三卷見唐志 李暄腳氣方一卷 腳氣論一卷唐蘇鑒徐王唐侍中三家之說 三家腳氣一卷集蘇徐唐三家之說稍異者 新撰腳氣論三卷唐李暄撰以三家之說不論風土逝江淮嶺南秦川之異

右腳氣九部二十二卷

嶺南急要方三卷見唐志 南中四時攝生論一卷唐鄭景岫撰 南行方三卷唐李繼皋纂 治嶺南眾疾經効方一卷 廣南攝生方三卷

右嶺南方五部九卷

風疾論一卷朱元朴撰 風論山兆經二卷吳希言撰 論三十六種風一卷楊天業撰 青烏子風論一卷 生風論一卷 發焰錄一卷唐司空輿述治風方 水氣論三卷蘭宗簡撰 西京巢家水氣論一卷 徒都子膜外氣方一卷郎木氣也 青溪子消渴論一卷唐李暄撰 療消渴方一卷謝南郡撰 元感傳屍論一卷唐蘇遊撰 骨

通志 卷六十九

◉南宋郑樵《通志》书影。郑樵首次在医书类中单列“岭南方”子类，另外“脚气”子类中的医书也多与岭南有关

南行专方

由于岭南医药落后，不能提供必要的保护，唐代仕宦岭南的官员，或者像刘禹锡一样自己钻研医药，或者请来名医编集方书备用。这种情况使中国古代医学文献分类中，出现了一种新的类别，那就是南宋史学家郑樵在《通志》中所说的“岭南方”。

这类书的书名多以“岭南”或“南行”为题，例如《南行方》《岭南脚气方论》《南中四时摄生论》《岭南急要方》《岭南备急要方》等，还有一些书名没提“南”字，但也是以岭南疾病为主要内容的著作。可见研究岭南摄生，是当时的一个热门课题。

携带或者编著这些书的官员，任职时对岭南多有贡献，可是很多后来几乎不被提及了。或许从医药的角度，值得我们重新记起，例如下面的几位。

王方庆，唐代咸阳人，武则天时期的广州都督，在岭南很有政绩，史称“有唐以来，治广州者无出方庆之右”。他同时精通医学，曾受武则天之令监修医书。由于到过岭南，他编著有一本《岭南急要方》，显然这是陪伴他在岭南生活的医药手册。书里记载有治疗霍乱、蛊毒等的方剂，并提出：“南方养生治病，无过丹砂。”（《本草图经》）介绍了用升麻、丹砂炼制的供日常养生服用的药丸方。丹砂是一种矿物，其药性有温阳的作用。服用丹砂在唐宋时代颇为流行，现在由于担心重金属的问题，一般很少用于内服。

杨炎，唐德宗时任宰相，以施行“两税法”闻名历史。他曾被贬湖南道州（当时也属岭南），晚年又被贬崖州（海南）。文献记录他编有一本《南行方》，里面记载的药方，现在还能看到一些，有治山瘴疟、治瘴痢和治蛇伤方等。其中用鲮鲤甲汤治山瘴疟的方法，经常被后世医书引用。鲮鲤就是穿山甲，现在是国家二级保护动物，不允许捕杀与食用，但合理利用其鳞甲作为药材还是允许的。古代医者本来适量有度地应用自然物材，可惜今人却夸大其作用滥捕食用。根据调查，穿山甲因食用而被非法猎杀的数量，远远超过药用需要。如果不好好管理，只怕穿山甲也会步犀角、虎骨之后尘，千年良药从药典中消失。

韦宙，唐代京兆万年人，曾任岭南节度使，在任时积极练兵防范南诏，以能干著称。他著有《集验独行方》。“独行”二字，很反映出官员南下的心境，它不是指孤身只影，而是指没有医生相伴，惟有自己汇集验方备用了。他的书里记载有用薏苡仁、赤小豆治疗水肿的处方，这两味药也是现在广东家庭煲汤去湿的常用药。此外又记载有用苦楝子治蛲虫方。孩提时代在两广农村生活的人，恐怕都吃过苦楝子吧，可还记得那略甘略苦的味道？

大唐医博

广州古城，留心之处皆学问。去光孝寺参观的人们，应该会留意到一件国宝——建于唐宝历二年（826年）的大悲幢，但有没有注意过上面模糊的款识文字——“同经略副使、将仕郎、前守辰州都督府医博士庐江郡何宥则敬为”？

“医博士”？唐朝就有？还真没错。不过，这个博士实际是教授。

唐朝时在都城长安设有太医署，里面分医学、针灸、按摩等科，每科都有博士当导师，招收官宦子弟来学医。唐太宗更要求全国每个州、府都要配备一名医学博士，中级以上的州则另加一名助教。算起来，岭南道有74个州府，广州、始安（今桂林）、安南（今越南）属于中级，其余为下级，那么博士和助教加起来可以有近80人呢。各地医学博士的任务，一是教学生，学生也有名额，中级州12人，下级州10人；二是治病，《唐六典》说：“医学博士，以百药救疗平人有疾者……州县之任备焉。”

这样一整套国家医疗体系的设计，在近1500年前就付诸实践，实在伟大，真正配得上“贞观之治”的大时代。如果成功，唐朝时岭南的医学应该很发达了。

可惜，现实与理想之间差距太大。转眼到唐玄宗“开元盛世”了，官员报告：“医学博士、学生皆省，僻州少医药者如故。”（《新唐书》）政府再经数次发文，但在僻远的岭南，仍然缺医少药。晚唐陆龟蒙有诗说：“江南多事鬼，巫觋连瓯粤……良医只备位，药肆或虚设。”（《奉酬袭美先辈吴中苦雨一百韵》）粤地医官正是有位无人，民众有病依然只问巫师。大悲幢款识上的那个何宥则，是辰州（属今湖南）的医博士，不过是来光孝寺礼佛捐献而已。但这是见证唐代医博士制度的珍贵实物，比内地出土的另外一具有“上阳宫医博士”文字的墓碑要早。

唐代广州应算繁华，为什么没有医博士任职记录呢？有可能尚未发现，也

◉保存于广州光孝寺的唐宝历二年石幢，是当时的辰州医博士何宥则为其已故兄长所捐建

有可能确实没有。因为官员来这里任职都得自己带着医书药物前来。那城中百姓怎么办呢？据《新唐书》，广州是岭南道中人口最多的城市，有五六万户，折算下来人口近30万。不过，这里面包含着为数不少的外籍商人，聚居于“蕃坊”。根据唐代法律，“内附”的外国人也要统计到人口里，并且在管理上“问其本国之制，依其俗法断之”（《唐律疏义》）。至少这些人是有医疗保障的，他们习惯依赖本国医药，当时的岭南时常有胡人僧医的记载。

唐末，黄巢农民军攻占广州，部队不适应岭南气候发生大疫，于是抢掠破坏蕃坊然后北上。外国史书称当时在广州被杀的外国人达12万，一说20万，这么算起来城里大部分都是胡人？还有大批商户逃离，“前此恃营商中国为生，至此破产者，所见皆是也”（《中西交通史料汇编》）。而经此一劫，广州这片唐朝“胡医”特区，也就毁于一旦了。

良相良医

宋军征服南汉，是以解放者的面目出现的。先进文明来到相对落后地区，送医送药最易赢得平民百姓的心。宋太祖赵匡胤下令在岭南普及医药，开宝八年（975年）“诏以岭表之俗，疾不呼医，自皇化攸及，始知方药”（《东都事略》），下令给运输药材去岭南的商人免税；同年又因“琼州言俗无医，民疾病但求巫祝。诏以方书、本草给之”（《续资治通鉴长编》）。

为了传播医学知识，朝廷在这里还动用了当时的最新科技——印刷术。

四大发明里，至少印刷术对中华文明的影响是立竿见影的。雕版印刷术从隋朝开始出现，到宋代，政府将它作为一种先进技术大力推广。各种儒家经典先后由皇家出版机构国子监雕版印行，人们读书再也不用逐字抄书了，文化大为普及。医学方面，政府组织一个校正医书局，将《黄帝内经》等各种医学经典全部细心校对好，也由国子监雕版行世。所以宋代文人开始有条件博览医书，懂医的知识分子多了起来。当时有句名言：“不为良相，当为良医。”这是北宋名臣范仲淹说的，认为良相治国为民，良医治人也是为民，都是儒生实现济世抱负的途径。

在宋代的岭南，治国与治人则有机结合在一起了，提倡医药成为了重要的地方政务。因为岭南瘴疾横行，若不改善医药卫生，人才不肯南来，地区开发迟缓，边疆安定就难以保障。所以，宋代皇帝不断往岭南赐医书。宋真宗赵恒将专论岭南医药的著作《广南四时摄生论》付印颁赐与岭南各州、军官员，后来又往岭南发放大型方书《太平圣惠方》。南宋高宗时，因南雄州官员“言岭南无医，凡有疾病，但求巫祝鬼，束手待毙”，于是“取古今名方治瘴气者集为一书，颁下本路”（《建炎以来系年要录》）。

这些颁发的医书，岭南地方官员又再为翻刻，如《潮州三阳志》记载，

宋廣西漕司重刻脈經序

碩少時母多病課醫率不効因自誓學爲方求古今醫書而窮其原得所謂王叔和脈訣者怪其詞俚而指淺更訪老醫得脈經十卷盖祖黃帝岐伯扁鵲經以及於張氏傷寒論條貫甚明眞王氏書也驗之乃建本自是求之建陽書坊絕無鬻者板亦不存嘉定己巳歲京城疫朝旨命孔碩董諸醫治方藥以拯民病因從醫學求得脈經復借各本校之與予前後所見者同一建本也乃知脈訣出而脈經隱醫者不讀鬻者不售板遂亦不存今之俗醫問以王氏書則皆誦脈訣以對蜀人史堪以儒生名能依其所著方書脾胃條引脈訣中語而議

◉宋朝广西漕司刻印医学名著《脉经》的序言

该郡先后刊印书35种，其中有“药方五种：《瘴论》30板，《备急方》30板，《易简方》90板，《治未病方》40板，《痈疽秘方》40板”。

刻书在当时不是小事。宋版书向来以字大纸精出名，字大要雕的版就多，成本也就高。以医书《脉经》为例，广西漕司曾翻刻过大字本，但“大字官本”令“贫民难于辨钱请买”，这怎么能达到推广的效果呢？于是有的地方官员采用刻石的方法。《宋史》记载，范旻任邕州（今广西南宁）知州，“俗尚淫祀，轻医药，重鬼神。旻下令禁之，且割俸市药以给病者，愈者千计。复以方书刻石置厅壁，民感化之”；陈尧叟任广南西路转运使，“岭南风俗，病者祷神不服药。尧叟有《集验方》，刻石桂州驿”；还有北宋官员吕渭在广西桂林南溪山刘仙岩刻“养生汤方”等。这些事迹，都作为“仁政”的体现而被记载下来。

打妖除巫

题目听起来像讲《西游记》，其实讲的是宋代经营岭南的一项政务。以前提到宋代，总嫌它国威不振，老是被辽、金甚至西夏欺负。可是在科学方面，人们却不能不赞叹当时的理性精神，四大发明中的火药、指南针、印刷术都是在宋代开始推广应用的。

北宋平定南方后，致力于发展经济文化，针对南方传统的信巫风俗，着手严厉打击巫师妖人。朝廷强调："今后师巫以邪神为名，屏去病人衣食汤药，断绝亲识看承，若情涉于陷害及意望于病苦者，并同谋之人引用咒诅律条，比类断遣。"（《宋会要辑稿》）打击巫师离不开医生的配合。对岭南"挑生"蛊术的攻克，正是如此。

范成大《范石湖文集》说："岭南有挑生之害，于饮食中行厌胜法，鱼肉能反生于人腹中。""厌胜"是施咒的意思，被施咒过的动物肉类，进入人腹中会活过来。这种巫法被广为人知是因为宋代雷州的一个案例。

据《夷坚志》记载，雷州有个人被巫师林公荣用鸡肉挑生，找医生治疗后，"吐积肉一块，剖开，筋膜中有生肉存，已成鸡形，头尾嘴翅悉肖似"。病人将巫师告上州府，林公荣被捕置狱。官员详加审讯，掌握了"挑生"巫术的情况。根据宋代著名科学家沈括所看到的雷州奏牍，里面说，巫师施咒后，"脍炙之类悉复为完肉；又咒之，则熟肉复为生肉；又咒之，则生肉能动，复使之能活，牛者复为牛，羊者复为羊，但小耳；更咒之，则渐大；既而复咒之，则还为熟食"，人如果吃了被施咒的食物，"觉腹中淫淫而动，必以金帛求解，金帛不至，则腹裂而死，所食牛羊，自裂中出"。巫师甚至供出了咒语，"但曰'东方王母桃，西方王母桃'两句而已"。

官员还找来那个治病的医生录口供。医生说："凡吃鱼肉、瓜菜、汤茶，皆可挑。初中毒，觉胸腹稍痛，明日渐加搅刺，满十日则物生能动。”医生提供了具体的治法。雷州官员将之视为重大胜利，将详情“镂板印行”，广泛传播于正在与巫术做斗争的宋代知识界。

对于这种巫术，医家是有所存疑的。他们也传抄该医生的治法，但认为：“挑生多于饮食过度。”（《仁斋直指方论》）认为也许是消化不良的一种表现。

在岭南德庆府也发生一个案例，也是巫师因作法害人被捕，“巫善挑气，其始与人有仇隙，欲加害，则中夜扣门呼之，俟其在内应答，语言相闻，乃以气挑过。是人腹肚渐胀，日久，腹皮薄如纸，窥见心肺，呼吸喘息，病根牢结，药不可治”。既然不得治法，案情就有点说不清楚，当地官员“以事涉诞怪，不敢置于典宪，但杖脊配海南”（《夷坚志》），只是找个罪名处理了巫师，而无法作为案例完整上报。

◎晚清《点石斋画报》报道，广西梧州一个女子经常遭到家暴，一次她对丈夫声称，已经给他下了“蛇蛊”，丈夫果然看见皮肉间隐隐有小蛇在动

久官成医

地方志是古代关于某地最全面的记录，其中常会有“气候”篇。不过古代所说的“气候”没有气温、湿度之类客观指标，常常是用人体的感受来形容和概括气候特点。

岭南地方志中的“气候”篇，很多都引用了李西美的一段话：“岭南既号炎方，而又濒海，地卑而土薄。炎方土薄，故阳燠之气常泄；濒海地卑，故阴湿之气常盛。”李西美名李璆，这段话出自他的著作《李待制瘴疟论》，说的就是岭南气候对健康的影响。因为“人之一气与天地通”，所以“阳燠既泄，则使人本不坚”；而阴湿常盛，则令“人居其间，屡多中湿”（《岭南卫生方》）。广东人老说脾胃虚，湿气重，这正是无所逃避的环境影响所导致的。

写出这么精辟论述的李璆，却并非职业医生。李璆于《宋史》有传，本系北宋汴（今开封）人，字西美，政和进士，曾在英州（今英德）、苍梧（今梧州）等地为官。他没有留下什么政绩记录，但是这些论述却流传广远。

在岭南热衷于研究医药的官员为数不少。如历任广州通判和广南东路转运判官的曾丰作诗说“常谨皆药物，熟客只医人”（《五羊遣书问董仲修》）；名臣寇准被贬雷州，“书惟看药录，客只待医僧”（《病中书》）；宰相赵鼎贬到潮州和崖州，“医国无功还自治，暮年药里最关心”（《病愈》）。人人到了这里都只关心医药，一位来自新安（今安徽徽州）的官员王棐坦白地说：“仕于广者，以俸多而皆见镪；商于此者，以货出而有厚息；寓于此者，以物廉无重费。”来的人都无久居之心，所以抱着“外乡人”心态，最着紧的是保养好身体，“久在南中，知非上策，止俟考满，亟理归装。盖惴惴然，每致谨于饮食”（《岭南卫生方》）。

由于对医学的探究，不少人久官成医了。在“率不服药，惟事祭鬼”的岭南，这些官员转换身份后其实贡献更大。像李璆在苍梧，“见北客与土人感瘴，不幸者不可胜数”，他认为当地医生治法都不对，于是出手救人，“治十愈十，不损一人”。另一位曾任职广东转运判官及广州知州的官员张致远，受李璆影响，写有一篇《张给事瘴疟论》，其中论说了“岭南地偏而土薄，无寒暑正气”，从而导致人们体质“多内寒而外热，下寒而上热”的情况。这教我们明白：为什么在岭南容易“上火”，但是吃点寒凉东西脾胃又受不了？全是因为“下寒上热”。

王棐也写有医学著作《指迷方瘴疟论》，谈了诸多“入广以来”的“修养之法”，到今天仍然可以供人参考。例如说：“省食生冷则脾胃自壮，省餐油腻则胸膈自快，无大忿怒以伤天和，重节色欲以固真气。如此将摄，决可保其无恙也！”

详视五脏

“肺腑如能语，医师面如土”，这是南北朝时的一句谚语。人们都知道古代医生看病靠望、闻、问、切，其中切是切脉，不是开刀，古时的医生并不需要学过解剖。只靠切脉就能知道五脏的情况吗？普通人不无怀疑，所以才有这样的谚语。但儒家说“身体发肤，受之父母”，纵有疑虑，古代也不允许对人体进行研究。

或许因为岭南山高皇帝远，宋仁宗年间，将领杜杞奉旨到广西平叛，不经意地实施了一次解剖创举。当时广西欧希范起事反抗朝廷，联络当地土著蒙赶等，声势不小，“岭外骚然”。杜杞受封为广南西路转运按察安抚使带兵出征，“先遣急递以书谕蛮，听其自新。次宜州（今广西宜州），蛮无至者”（《宋史》），又派人到山中劝降，也遭到拒绝。杜杞率兵进攻，攻破叛军山寨，欧希范逃跑，而蒙赶则向杜杞投降。

可是投诚也要讲时势。打了胜仗的杜杞说：“贼以穷蹙降我，威不足制则恩不能怀，所以数叛，不如尽杀之。”于是杀牛宰马招待蒙赶，却在酒里下了蒙汗药，等降兵饮酒倒下，“伏兵发，诛七十余人”。三天后欧希范落网，同样也被处死，甚至“醢之以遗诸蛮”（《宋史》）。

“醢”就是做成肉酱。受命的宜州推官吴简见反正要执行任务，顺便做一次科学研究吧。他认真观察犯人们的内脏，并召画工描绘成图。时人记载：“庆历间，广西戮欧希范及其党，凡二日，剖五十有六腹，宜州推官吴简皆详视之，为图以传于世。”（《宾退录》）这件事意外地使欧希范“名垂千古”，因为这份取名《欧希范五脏图》的图谱是现存最早的人体图，流传至今。我们观看这份有名有姓的图谱时，会像医学院校学生初入解剖室面对捐献遗体的前辈骨骸，印象格外深刻。

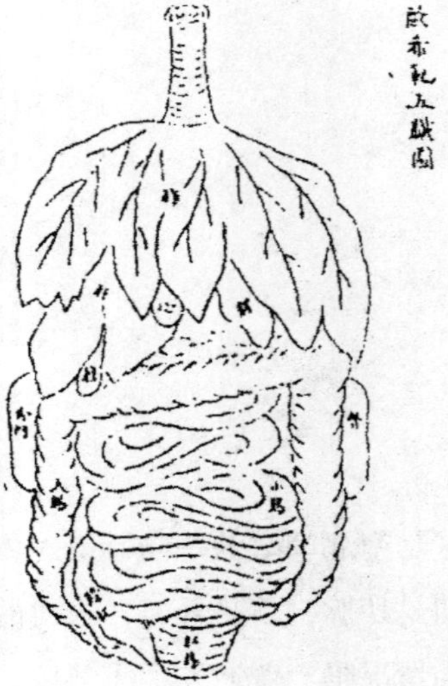

◉保留在《循经考穴编》一书中的《欧希范五脏图》

在观察方面，有意思的是吴简特别留意心的形状：“若心有大者、小者、方者、长者、斜者、直者、有窍者、无窍者，了无相类。惟希范之心则红而硾，如所绘焉。”（《存真图》）这在医学上其实没有特别意义，大概是想表明这些人的坏心眼吧。

看了内脏，其实医生们并没有“面如土”，因为他们治病自有一套脏腑理论，例如“肾虚”并不是肾脏缺了一块，跟解剖关系不大。倒是当时的朝廷面色很难看，因为杀降、解剖这些事，在古代是有违仁义的。当时立即有“御史梅挚劾杞杀降失信”，朝廷为此对杜杞“诏戒谕之”，并且不打算给予封赏。杜杞不得不争辩说：“杀降者臣也，得罪不敢辞。将吏劳未录，臣未敢受命。”为部下争回了赏金。但这件事在他心里还是留下了阴影，据载，杜杞临死前，“一日据厕，见（欧）希范与（蒙）赶在前诉冤。叱曰：‘尔狂僭叛命，法当诛，尚敢诉邪！’未几卒”（《宋史》）。

龙图幼科

说起龙图，人们第一反应会想起“包龙图”包拯。其实宋朝有许多“龙图”，因为龙图阁学士是个荣耀官衔，受封者不止一个。宋代岭南就出了个“刘龙图”，名叫刘昉，广东海阳（今潮州）人，同时是个儿科专家。

刘昉的父亲刘允是位列潮州八贤的名人，“于经史百家，以至天文、地理、医卜诸书，莫不该贯”（《刘氏族谱》）。刘昉长大后得中进士，这在岭南极为难得。根据异地任官的规定，他离开岭南，主要在潭州（今湖南长沙）任职，后来政绩突出，获得“龙图”封号。

由于家学渊源，刘昉“镇拊之暇，尤喜方书”，特别注意收集儿科秘方，“夫近世闻人家传，下至医工技工之禁方，闾巷小夫试之秘诀，无不曲意寻访，兼收并录”，在他主持下编成名著《幼幼新书》传世。“幼幼”即“幼吾幼以及人之幼”之意。书里有很多独家的儿科资料，像《东京梦华录》曾载：“汴梁有专科医，如石鱼儿班防御、银孩儿柏郎中家医小儿。”这些小儿名医没有医书传世，但刘昉的书里收集了几条班防御的处方，保留了珍贵经验。

刘昉收集的资料里，花了相当的篇幅讨论一个问题——变蒸。民间有说法：小孩发烧就长高。这种“发烧”，在古代叫变蒸。小孩每天都在生长，平时看不出，但某些时候则会有明显的变化。刘昉说：“变蒸者，则是长其血气。长不逮后相滞，故发热也。或者生筋骨，或者正其五脏也。”这时可能出现发热、疼痛等症状，其实是在较快生长的表现，元代医生朱丹溪比喻说：“小儿此证，如蚕之有眠，龙之脱骨，虎之转爪，而变化同也。”而“变每毕，即情性有异于前”。

变蒸会有什么表现呢？刘昉引用在长沙结识的医生毛彬所作诗歌说：

◉位于广东潮州的刘昉夫妻合葬墓

“第一看儿毛发立，口唇尖起白珠生。三两日中寒热起，忽然睡里作虚惊。或即遍身流盗汗，或乃微利腹中鸣。或即脊膂皮肤急，忽乃呕逆气交横，或则困闷通身软，忽然啼哭没心情。”这些情况如果查不出特定原因，就可能属于变蒸，现代医学则叫生长痛或生长热，不一定要用药，“重者不过一七日，轻者三朝便得平”。当然症状重的话也要适当调理，刘昉书中说：“虽然变蒸得其候，还须用药保长生。”而用药应以平和为原则。

人的成长是一个神奇的过程，有些儿童疾病如哮喘、尿床，长大后常会自然痊愈。刘龙图说：“凡百居家，皆宜达兹养小之术，则无横夭之祸也。”他既主张“小儿有病宜早治”，也通过变蒸理论提醒家长，对小儿不必过分紧张，更不要过度医疗。

惠民惠官

广州的各大药房若要找个远房先祖，最早可以找到宋代惠民药局。宋以前广州也许有药店，但全无记载。而惠民药局是政府开办的国营机构，故能名列史册，元代《南海志》载："惠民药局，在本司（提举司）西。"

宋朝政府特别会赚钱。除了茶、酒、盐等国营外，香药、成药也规定须由政府专卖。后者由宋代王安石改革时开始，在京城开封设太医局熟药所，委任官员监制和销售成药。

药品是特殊商品，在现代社会管制特别严。中成药的丸散膏丹，用起来比煮汤药方便得多，但是黑黑的药丸或粉末，谁知道里面有什么成分？这在古代没有办法检测和监管。所以民间药店主要靠商誉信用，像同仁堂有店规宣示："修合无人见，存心有天知。"可谓指天立誓。不过宋朝政府开办的药店，不但由皇家最高水平的太医局提供处方，而且药品成分和制作流程也编成《太平惠民和剂局方》一书全面公开，这就等于用国家信用作背书，认可度自然最高。所以官药局的成药一出来，大受欢迎。药品价格据说仅为市面的三分之二，可是效益仍然可观，头一年盈利二万五千缗。到宋徽宗时更在京城东南西北各多开一间"卖药所"，成为连锁集团。

上面说的盈利，可能并没有折算政府补贴的药价成本。有人说："其药价比之时直损三之一，每岁糜户部缗钱数十万，朝廷举以偿之。"（《癸辛杂识》）尽管如此，这个机构叫"卖药所"，还是惹人议论，说政府怎能赚病人的钱呢？"非创置惠民之意"（《宋会要辑稿》）。为免非议，于是后来把名称变一变，改名叫医药惠民局，即惠民药局。

改了名，仍有人说"惠民药局……无非为财也"（《山堂索考续编》）。其实即使有所盈利，但如能投入到公共服务，也算说得过去。南宋时有旨让各州设立官药局，但边远贫穷地方不像京城那么容易赚钱，朝廷更要给予补贴维持。在广南东路这边，至少广州、海阳（今潮州）、韶州（今韶关）曾设立惠民药局，其经营情况不详。而广南西路方面，原任广州知州的官员周自强前去出任提点刑狱后，见“岭南号瘴地，西境尤阔辽，民病皆饮水而无药饵”，始行创办惠民药局，并“州以常平钱五百缗给之市药，俾同判或幕职专领”（《龙图阁待制知建宁府周公墓志铭》），专款专人来保证运行。

在惠民药局的管理方面，有一系列关于仓库保管、药材检验和制作流程等制度。其服务也注重便民，如绍兴六年（1136年）诏：“熟药所、和剂局，监专公吏轮留宿值。遇夜，民间缓急赎药，不即出卖，从杖一百科罪。”（《宋会要辑稿》）晚上还值班保证药品供应，这在古代是挺了不起的事。可是国营企业似乎总免不了贪腐流弊。渐渐地，经手人员开始“以台附易川附，樟脑易片脑”，“药材既苦恶，药料又减亏，稍贵细药则留应权贵之需”（《癸辛杂识》），这就败坏了名声。南宋俞文豹《吹剑录》记载：“都人谓：惠民局为惠官局。”

三皇医校

据说元朝将职业分为十等，最末是“九儒十丐”。知识分子被称为“臭老九”就是源于此。其实历史并非如此，相反元朝皇帝忽必烈一直尊重汉族大臣的意见，推行儒教，在各地建孔子庙学。不过蒙古人确实又不像汉人那般认为“万般皆下品，唯有读书高”，他们对实用技艺同样重视。

医学在元朝就获得特殊待遇。《元史》载：“太医院，秩正二品。”医疗行政机构首长行政级别之高前所未有，甚至有过一品官员出任此职的事例。相比之下，宋朝医官不过六七品而已。而且元朝政府做事，那叫“真抓实干”，例如要求各地开设医学教育，唐宋两朝都不过发了文件便算，而忽必烈则派太医院副使王安仁为钦差，持金牌到各地督办，并且仿照孔庙儒学，将教育与祭祀结合，专门建三皇庙作为医学校。

“三皇”即伏羲、黄帝和神农，都是汉族传说中的圣人，以前很少有专庙供奉，元代学者柳贯说：“三皇开天立极之功，千万世帝王所由宗，而历代未有祠，祠之自我圣朝始。”（《柳待制文集》）三皇对医学均有发明——伏羲制九针，神农尝百草，黄帝传下《黄帝内经》。因此，医学校放在三皇庙有其道理。庙里房屋平时供医学生上课，每年春季三月初三、秋季九月初九，则由医学教授主持三皇大祭，整个过程“公帑出钱，守土者行礼如式”。有着金牌督办和公帑支持，连僻远的岭南也能真正办起医学教育了。著名学者揭傒斯曾作《增城三皇庙记》，记载此前“广州之增城未置庙”，至顺二年（1331年），官员左祥来到增城，将旧孔庙改造成三皇庙，庙中除供奉三皇，还按“以十名医视孔庙诸大儒列祀两庑”，自此增城“三皇之祀始尊，医学之教始行”。

揭傒斯评价这一制度说：“夫以医学专祠三皇，非古制，然犹足以见国家尊古圣仁贤，重民命如此。”由于古代社会重视祭礼，他指出校庙合一有助于

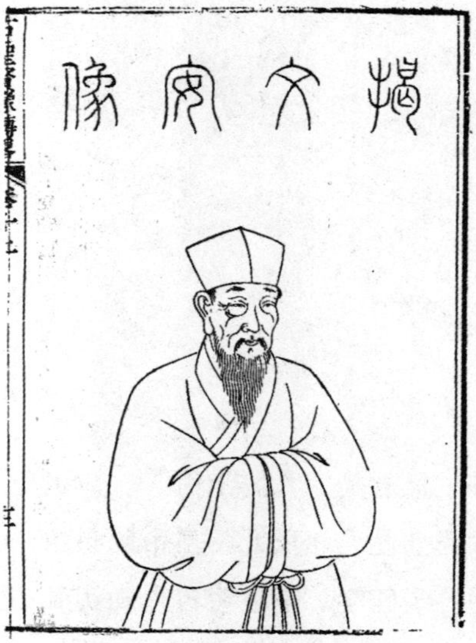

◉《古圣贤像传略》中的揭傒斯像

促使地方官员重视："有司知守国家常制，修其祭礼，严其教道，竭其所职。他非敢置议。"前面都是赞扬的话，最后一句却有点突兀。不敢置议什么？分明话里有话。别人把这话说出来了："三皇之功及于人者如此，而领之于医，不亦亵乎？"（《清江文集》）原来，文人们普遍还是看不起医生，觉得让医生主导祭祀三皇是一种亵渎。这种议论曾被奏上朝廷，只是未被理睬。有现代学者说，这种做法可能是蒙古人的阴谋，故意将华夏始祖降格为行业神，目的是打击汉人自尊。

是阴谋还是观念差异？见仁见智。不过岭南的医学教育，却是赖此得到普及，三皇庙在元朝遍及广州、潮州、韶州、廉州、化州等地。

医生户口

元朝有一种行业户口制度，比现在的农业与非农业户口复杂多了。根据不同职业划分，普通人属于民户，行医者被编为医户，算命的编为阴阳户，读书人编为儒户。各种户口是世袭制，像医生的儿子生下来就属于医户，将来要继承父业，不得随便脱户。

这样的制度有妨碍择业自由之嫌。但从另一角度来看，也可说是一种职业保障。在古代，脱离了农业靠技艺谋生的职业人士，一向都是父子世代相传的。医生甚至有"医不三世，不服其药"的说法，人们觉得若没有经过几代人的积累，治病经验就不够丰富。那时候，自由或许并没有谋生来得重要。

不过元朝硬性规定行业世袭也有军事目的，因为可以稳定手艺人的数量，从而为军队提供各类后勤保障。难怪当时记载医户子弟们常常想办法逃避到军中服役。一些根据蒙古语硬译来的蹩脚中文文书记载了有关部门的担忧。如1271年太医院抱怨，各医户只要求"户头"从医当差，"其余弟兄孩儿每省会医人的、不会医人的析居，收作协济民户。若这般，以后习学医人的都少了也"。1303年枢密院说："在前军役里出去了的太医，每根底根脚里的军役除豁了，教太医院里行者么道？"圣旨说："似这般都出去了呵，减了军的数目一般。"（《通制条格》）

由于有军事需求，在提高医生水准开展专业培训方面，元朝倒是胜过历代。那时各地设立有"官医提举司"的专职机构，广州府也设有"医工提领所"。医工提领的职责，除了管理医户户籍外，另一个任务就是抓医二代们的学习。1285年政府规定，各路"隶籍医户及但有行医之家"，每月初一和十五均要到提领处报到，然后"聚集三皇庙，圣前焚香，各设所行科业，治过病人，讲究受病根因、时月运气、用过药饵是否合宜"（《元典章》），由当地医学教授评判优劣。古代医生向来“各承家秘”，秘方传男不传女，很少互相交流。但由于元朝医户属于“官医”“医工”，朝廷就可以用行政手段来要求他们。浙江人袁桷记录他家乡医生们聚集在一起，“怀疑审问，求正于胜已，无忌悻之谬”（《重建庆元路医学记》），实开学术交流之风气。

医户在人口统计中是单列的。根据地方志记载的医户人口与总户口数的比例，江南一带每个医户平均要负责二三百户民众。岭南这边没有查到元朝的统计数字，但明朝继承了医户制度，现在保留有一份正德年间海南琼州府的人口资料。琼州全府户数近五万五千，而医户只有三十，也就是说平均每个医户要为一千多户百姓服务，比起江南来还是落后。

医僧继洪

元代汝州（今河南汝州）僧人继洪，在岭南的卫生史上留下重要一笔——他的著作就叫《岭南卫生方》。

继洪曾担任过广西柳州报恩寺住持，游历过广东连州、封川、广州等地，对岭南生活相当熟悉。《岭南卫生方》这本书，收集了宋代医家和继洪自己的治瘴经验，是一本关于瘴病的集成之作。有关瘴病的专业讨论在这里就不多谈了。值得一提的是，这本书的视野并不是仅仅盯着瘴病，书名叫“卫生方”，里面谈了许多在岭南生活要留意的卫生问题。

譬如近年每到夏季，频频报道蛇虫伤人，继洪书里就专门写有“蛇虺蜇匿诸方”，谈到“五岭之南，不惟烟雾蒸湿，亦多毒蛇猛兽”，要注意防范。他说，在岭南“夜起不可仓卒，及不可无灯，又不可不穿鞋袜”。曾经有人半夜起床，不料有蜈蚣藏在鞋里，被连咬数口；又有“夜登厕者遇蛇伤其肛门”，中毒而死。对于这类咬伤，继洪有妙法：内服白芷、雄黄粉，外敷蓝靛汁，即可解毒取效。蓝靛就是板蓝根，它确实是古今必备的一味良药。

继洪还记载一种以毒攻毒治疗蜈蚣咬伤的法子：“捉大蜘蛛一枚，纵其啮所伤处，候吮其毒，蜘蛛困闷自落，却滴冷水数点以治之。”如毒未吸尽，可“更捉一枚啮之”。这有点令人毛骨悚然。现在野外游玩万一被蜈蚣咬到当然不必这么惨治，尽快去医院为上策。

最有意思的是继洪提到的一种现象：“南方男子多瘠，而妇人多肥。男子多弱，妇人多力。”网上很多妹子热议嫁南方男人还是北方男人，南北除了气质上有温柔与阳刚之别外，体格上通常北方男子显得强壮一些。但这种差别在古人看来，不能怪爹妈，是老天爷定的。宋代理学兴起，人们喜欢用阴阳理论来解释万事万物。宋代周去非《岭外代答》就议论说：

◉广州中医药大学“岭南名医壁”中的释继洪浮雕像，由雕塑家段起来、侯瑾辉设计并监制

“南方盛热，不宜男子，特宜妇人。盖阳与阳俱，则相害；阳与阴，相求而相养也……男子身形卑小，颜色黯惨。妇人则黑理充肥，少疾多力。”

继洪的解释更简单一点。他说南方“阳泄阴盛”，男性属阳所以身体不壮。岭南四季鲜花常开，古代中原人士对此并不觉得美好，他们认为冬天就该天地冰封，万物潜藏。韩愈有诗说：“二年流窜出岭外，所见草木多异同。冬寒不严地恒泄，阳气发乱无全功。”（《杏花》）一年到头开花，地气都泄尽了。人也是这样。继洪说：“深广无霜雪……阳气常泄……人居其间，不劳麻黄而自汗。”汗出得多身体就容易虚。女子阴气盛，出汗少，所以稍好一些。

这就是古人眼中的“天人相应”之理。

安南丹药

元代蒙古铁骑纵横天下，人间罕有敌手，可还是不能胜天。忽必烈东征日本失败于“神风”，南攻安南、占城（均属今越南一带）、爪哇（今印尼）则败于一个老问题——“士卒多瘴疠，多死伤者”（《续资治通鉴》）。后来元成宗征讨 “八百媳妇国”（今泰国、缅甸交界，据说国王有800个媳妇而得名），大军“远冒烟瘴，未战士卒死者已十七八”（《元史纪事本末》），也是铩羽而归。大臣痛陈：“自征伐倭国、占城、交趾、爪哇、缅国以来，近三十年，未尝有尺土一民内属之益！”（《元史》）假如不是环境影响，战局不同，现在周边地区关系可能没有那么复杂吧。

明成祖时，一度征服过安南。永乐四年（1406年）大将朱能、张辅出征，才到广西，主帅、征夷大将军朱能病亡，32岁的张辅于是临危受命挂帅，统军大破安南，在此设立“交趾布政使司”与“交趾按察使司”，使之重回中国版图。张辅后来官封英国公、太师，威名镇安南，只要他在，局面就平稳。可是后来明成祖要北征蒙古，急调他北上。张辅离开后，安南叛乱四起。而且明朝在安南的驻军遇到很大麻烦，“其地有瘴，官军难于服习”（《永乐六年正月初四日敕》）。最终局面失控，只能听任安南再度以藩属国身份自立。

传奇人物张辅戎马一生，75岁时还上前线，于土木堡之变殉国。他何以如此神武？坊间传说，乃是在征安南时得到一种神丹之助。这个故事有两个版本。一个版本说，他出征时路遇一位道人。道人说，你还记得我吗？十八年前在长沙，“进丹药一粒，与公吞之，公觉精神爽利，百脉畅和”。张辅大惊，说不但如此，而且当年“尚未有嗣”，后来“连生三子”，至今66岁还“容颜不改，齿发如旧，每驰马试剑，宛然如少”（《卫生编》）。他要求道人再赐丹药，于是道人授以“九转通灵丹”方，他此后一直服用。

另一个版本说，张辅降伏安南时“七十岁无子”，“归时王赠一番字手卷，药名与中国迥别”，于是得以传宗。后来他的孙子托人翻译该卷药名，“修合服之，效。及赠诸亲友，凡年六七十岁者皆生子”（《传家宝》），于是此丹起名为“广嗣延龄至宝丹”。

这些故事里，张辅征安南的年龄都不对，显然是“被代言”了。从流传下来的这两个方子看，主要是熟地、天冬、杜仲、鹿茸等传统补益中药，久服对肾虚老年人确实有益，但并不是有越南特色的药物。

真正来自越南的特产药，倒是有一种别名“安南子”的胖大海，不过要到清朝才广为人知。此药“以水泡之，层层胀大”，“消毒去暑”，“并治一切热症劳伤”（《本草纲目拾遗》），堪称简易凉茶，许多人都喜欢泡来饮用。

金花夫人

广州黄埔长洲岛保存有一座金花庙，近年开始恢复举办金花诞活动。金花庙祀奉金花夫人，是岭南土产的神灵。据记载，金花是明朝时的广州民女，其时巡按夫人将要分娩，不料难产，数日未能生下小孩，母子危殆，“梦神告曰：‘请金花女至则产矣。’”巡按派人找到这位名叫金花的女孩，刚接到官署，真巧孩子就生下来了。这原是喜事，却衍生出不幸结果——人们真的当金花是神，是“女巫”，“由此无敢婚神（指金花）者。神羞之，遂投湖死”（《粤小志》）。好好一个豆蔻年华的女孩，没有人敢亲近，更没有人提亲，结果她选择了最刚烈的抗议，自沉于仙湖。

可是这没有影响她的神化，人们相信她只是回归神的行列，于是为她建庙供像，并尊为“夫人”。《粤小记》说：“粤人肖像以祀。神姓金名花，当时人呼为金花小娘，以其能佑人生子，不当在处女之列，故称夫人云。”《广州城坊志》载：“居人祠之，主祷嗣事。生惠福巷，故又称惠福夫人。”所以金花庙又称“金花普主惠福夫人庙”，香火鼎盛。

金花庙最初建在仙湖街，嘉靖时，广东来了一位反对迷信的提学副使魏校，大规模捣毁各类淫祠，金花庙也被拆。但风头一过，又在珠江南岸重建，而且规模更大，“西枕鹅潭，前临珠寺，古木浓阴，三面匝水”，“每首夏神诞，报赛者烟花、火炮、百戏骈集，歌舞之声旬月未已焉”（《羊城古钞》）。清代还有多处金花庙，分布在现今的盘福路、人民北路、金花直街和三元里等地。到现在仅存长洲金花庙。

长洲金花庙门前对联说：“南对狮塘扶赤子，北联鹤岭佑苍生。”客观地说，生儿育女在古代并不容易。除了难产，还有各种疾病，容易导致夭折，习惯了现在卫生条件的人们是难以想象的。所以当时人们特别寄希望于神灵护佑，在金花庙中两旁配塑的“神姨”多达二十个，有保痘夫人、保胎夫人、送花夫人、白花夫人、养育夫人、红花夫人、转花夫人等等，分工严密。

“花”指小儿，“白花”指男孩，“红花”指女孩，“转花”是指女转男。《广州城坊志》记载：“金花夫人祠，两旁塑神姨像。村媪往祈子者，以红绒系姨臂，祝曰：婴当属我。”以前重男轻女，可能系“白花夫人”臂的最多。方濬师诗说：“金花祠庙傍江干，绕座蛮弦错杂弹。多少裙笄向神拜，红花容易白花难。”（《番禺河南小志》）从概率上说生男生女是同样的，所以一意求子者，难免有一半机会要失望，给人感觉是“红花容易白花难”，金花夫人也无能为力。

◉广州长洲岛金花古庙正门。生儿育女对中国人是一件大事，在古代的卫生条件下，生育的过程又是有风险的事，因此有关生育的神灵在中国最为多见

医生日记

现在老是有一些不敢救人的报道，没想到300多年前也有。1639年5月，几百艘船在广东吴川出港，“陡发飓风，无一存者”，死者达6万多人。当地有位医生陈舜系“呼伴携锄出海畔埋尸”，救起一个幸存者。发现的时候，“赤体遍伤，披发挂板钉卧板上，尚有微气”，同伴建议不要救，“众谓落水狗不堪救，救之恐讼失水害人”，怕被反咬一口说是推人落水。但陈舜系坚持要救，“亟扶起，灌以尿，稍苏”，被救者发现周围的人有戒心，于是指天起誓，陈舜系说：“吾救汝毋虑。异日如要讼，讼我，不可累人。”后来此人不但没有告陈舜系，还从自己幸存的商船中找出四包大米送给他。

这件事记载在陈舜系的日记《乱离见闻录》中。古人写日记的不多，医生就更少了，读来很有意思。里面说他年轻时拜师求学，老师说，三教之外，“医道通仙道，可以养生，可以济人”，于是兼学医术。对这次救人的方法，他还做了进一步说明：“此时若遽与米汤必毙。凡久饥人，先以尿救之，谓之元气汤，甚效。”用尿救人，在古代屡有记载，用于跌打损伤、产后失血以及各种急症导致的昏迷，效果都很好。现在也有人提倡喝自己的尿来养生，叫作“回龙汤”，这在医书中虽然有记录，说“自己小便，每去头尾，接用一碗乘热服”（《血证论》），但主要用于治疗血证，并没有提倡正常人饮用。

陈舜系的日记还见证了明末清初之际的重要历史事件。广东当时是反清复明的斗争前线，1654年，南明将领李定国攻入广东，占领高州、雷州，致信在厦门的郑成功，约定会师广东。他派军攻打新会，不料自己在高州患上疾病。陈舜系就在这时被召到军中，为李定国治病，“五月初，召予面询，发剂颇效”；“六月，复病，上吐下闭，中脘疼痛”，陈舜系用盐汤探吐，又用药解毒，“八月初，以归脾和独参汤投之，提省其脾而愈”。从记录看，李定国患的像是“干霍乱”，比较危重，以致无法亲临指挥。在此期间，南明军苦攻新会不下，八月病一好李定国立即出发去前线，还把陈舜系带在身边。陈舜系“随至广肇，力活数千命”，充分发挥了擅长的医术。

不过可惜的是，虽然李定国几次催促，郑成功还是没有派兵前来。没有援兵，南明军没能攻克新会，年底遭到清兵围攻，李定国败退云南，南明最有希望的一次振兴机会消失了。陈舜系没有随李定国去云南，此后他的日记，也无心记录医业成绩，而是见证着清朝为防范郑成功下令“近海一带，迁去民居三十里”，以及三藩之乱令人民流离的苦况。

南海明珠

清代学者惠士奇督学广东，力倡文教，使得广东学风“郁郁莘莘，比于江浙矣”。拜在他门下的，有“惠门八子”。当中最出名的一位是广东南海人何梦瑶。这位奇才，留下的著作涉及诗文、哲学、数学、音乐和医学，《清史稿》称“国朝二百年来，粤人论撰之富，博极群书，精通艺术，未有逾梦瑶者”。借助惠士奇，他的名声传播到其时傲视全国的江南学界。江南学者袁枚说：“先生（惠士奇）以《珠江竹枝词》试士，何梦瑶赋云：‘看月谁人得月多，湾船齐唱浪花歌。花田一片光如雪，照见卖花人过河。’公喜，延入幕中。”（《随园诗话》）后来袁枚到广东想专门拜访他，可惜那时何梦瑶已经去世了。

在医学方面也如此。以前广东医生的著作很少在主流医学界产生过影响，而何梦瑶的言论则得到当时同样傲居全国的江南医界的赞赏。江南医家陆以湉《冷庐医话》记载：“南海何西池梦瑶《医碥》，余遍求之苏杭书坊不可得。”看到了后感叹“书中时出创解，颇有裨于医学”。

例如何梦瑶关于“夏月伏阴”的观点，就得到肯定。有一派医生喜欢开热药，即使夏天也照用，理由是“夏月伏阴”。明代大名医张景岳举自然界的例子来论证，说夏天无论多么热，井水总是冰冷的，人身是个小天地，所以盛夏时身体内部其实是寒的。有个谚语跟这种说法有关：“冬吃萝卜夏吃姜，不劳医生开药方。”你怎么看？姜是热的，夏月因为“伏阴”所以“吃姜”就对了。不过《红楼梦》里有一段，说凤姐见宝玉、黛玉脸红得火辣辣的，“便也笑着问人道：‘你们大暑天，谁还吃生姜呢？’”凤姐意在取笑，却说明在人们常识中，暑天吃生姜有些奇怪，容易生热。

对此，何梦瑶是这样说的：“设夏时而身处井中，则不特内寒，即外亦寒矣……置身地上，不特外热，即内亦热。”意思是不能一概而论，人在井外就热，在井里就寒，不能说夏天人体一定外热内寒。何梦瑶跳出了前人的思维陷阱，回到常识上。夏月如何养生，因人而异，暑天炎热，一般人不宜多吃热性的姜，如乘凉受寒或体质虚寒则可以。姜也好，萝卜也好，什么时候吃，要视各人情况而定。

生活中各种以偏概全的养生格言很多，不但普通人，有时医生都会受其左右。像有些医生就一味喜欢用附子、肉桂之类热药，何梦瑶评论说“今日桂附之毒等于刀锯，梦瑶目睹时弊，不得不救正其失”（《医碥》）。正因为学问根基扎实，锻炼出何梦瑶的清晰思维。他的成就居于“惠门八子”之首，被誉为“南海明珠”。

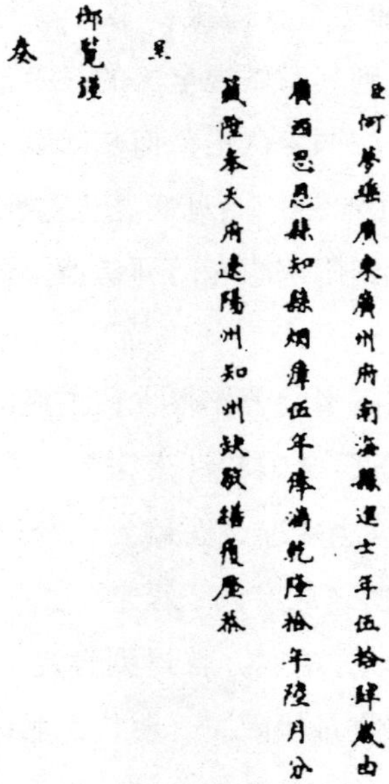
臣何夢瑶廣東廣州府南海縣進士年伍拾肆歲由
廣西思恩縣知縣烟瘴伍年俸滿乾隆拾年陸月分
蒙陞奉天府遼陽州知州缺敬繕履歷恭
呈
御覽謹
奏

◉何梦瑶的“人事档案”，见《中国第一历史档案馆藏清代官员履历档案全编》

灸法养生

明代广西大藤峡瑶民起义，惊动四方，大臣韩雍率兵平定。立功之余，还有一个意外收获：“韩雍侍郎讨大藤峡，获一贼，年逾百岁而甚壮健。问其由，曰：‘少时多病，遇一异人，教令每岁灸脐中，自后康健。’”（《针灸集成》）

灸，是指用燃点艾条对身体局部的加热疗法，简便易行。岭南地区湿气重，善用灸法对保健很有好处。宋代苏东坡针对岭南久病之人曾建议“灸气海百壮。又灸中脘三十壮，尤善”（《苏沈良方》）。可能因为灸法多用于调养，人们印象中它起作用较慢。《红楼梦》里，黛玉跟湘云对诗，每人对一句然后出一句，黛玉评价湘云说：“对句不好，合掌。下句推开一步，倒还是‘急脉缓灸’法。”意思说湘云对句不好，情势吃紧，但聪明地转个角度出句，好比用缓慢的灸法应对急病，出其不意。

其实，说灸法作用缓慢并不全对。医书言：“药之不及，针之不达，必须灸之。”在古代，灸法是可以治疗急病、重病的。清代广东新兴茶山人叶广祚精通此道，名闻乡里。但是他说：“此艺为贵介所鄙，童稚所畏，女妇所难。”病人往往“不得已乃相召”，甚至“有宁病不灸之色”。为什么宁病不灸呢？因为治急病常用“直接灸”，即将艾绒点燃后，直接放到病人穴位上。病人目睹艾烟缭绕，一直灼到皮肤，这太刺激了，不要说童稚、妇女，汉子也不一定受得了。而且燃完后，局部还会溃烂，留下疤痕，“近足难于穿履，当面羞于痕靥”，影响生活和美观。如果不是真正疗效独特，值得人们付出这样的代价吗？叶广祚也说，诊断清楚才好应用，否则“徒施炮烙，岂不贻笑大方”？但用得好，“中风中寒，此可立苏，胜于通关回阳之剂”，这时就要劝病人“自爱不惜痛，惜痛不自爱”（《采艾编》）了，想治好病，就不要怕痛啦。

现代医学昌明，许多急症都有其他治疗手段，人们不一定要经受这般“炮烙”之刑了。但灸法养生仍然值得提倡，可以用不灼伤皮肤的间接灸。常用的穴位除了脐中，还有关元（脐下三寸）、足三里等。灸关元南宋有个例子，“步卒王超者，本太原人，后入重湖为盗”，曾遇异人传授秘术，“年至九十，精彩腴润……岳阳民家，多受其害，能日淫十女不衰”，这个采花大盗被擒后，临刑前监斩官问他怎么这么厉害？他回答说：“唯火力耳。每夏秋之交，即灼关元千炷，久久不畏寒暑，累日不饥。至今脐下一块，如火之暖。”死后，刑官“令剖其腹之暖处，得一块非肉非骨，凝然如石，即艾火之效耳”（《扁鹊心书》）。

少林武医

广东武术的许多拳种，都称源自少林寺。晚清小说《圣朝鼎盛万年青》创造了一个广东武林谱系，里面的洪熙官、方世玉等十名广东人跟从福建南少林寺至善禅师学武，后来被称为“广东十虎”。南少林是否存在，有一定争议，南方各地确有称为少林寺的，但并不是嵩山少林的分寺。不过天下武功出少林，广东武术与少林事实上很有渊源。

清代广东武风颇盛，武馆林立。民国《东莞县志》载：“邑尚技击，秋冬间延师教习，元日至晦，结队鸣钲鼓，以纸糊麒麟头，画五采，缝锦被为麟身，两人舞之，舞毕各演拳棒，曰舞麒麟。”说的就是练武舞狮的风俗。习武之人免不了身体受伤，所以跌打医术也是武师必备的技能。《圣朝鼎盛万年青》里，至善收胡惠乾等为徒时说：“出家人以方便为门，生平所授徒弟，及医人跌打损伤，贫富一体，从未计较钱财，均是他们自己酌量酬谢。”可见授武兼授医乃是常事。书中武当派的冯道德将胡惠乾打伤，少林派的五枚师太“回光孝寺武馆，身边取出驳骨还魂丹，与胡惠乾服下，外用生雄鸡一只，和药捣匀敷上，立刻止痛，将筋骨接好，所谓药到伤痊”。

小说归小说，未必可以当真。但看地方志，确也记载有不少武医一体的真人真事。民国《罗定志》中有黄天骥，“善技击，精医外科”；《东莞县志》中有一个邹景孙，跟少林僧学武，“初以谷米实斗中，令两手频插，伤皮肉洗以药，寻愈。继易河沙，再易铁沙，亦如之，指可插入火砖墙取砖出”，“三年技成，僧授以伤药遂去”；《高要县志》中有钟升龙，跟随“得少林寺真传”的僧人学武，后来去肇庆，“卖跌打药于端城”；长乐县的连卓琛，“善技击，距跃如飞”，“集跌打方书二十卷，详注通身骨节及十二时用药节候，其方甚验”。可见小说故事并非凭空而来，连五枚师太用的药也都有根有据。在被认为是少林寺

◉晚清时的舞狮图（左图）。取自《中国三百六十行——美国皮博迪·艾塞克斯博物馆藏品》。广东伤科名家梁财信的跌打药酒（右图）现仍有生产

伤科最早传本的明代异远道人《跌损妙方》一书中，就有“返魂夺命丹”，用银丝草一两、带毛小鸡一只，共捣烂内服；清代的《跌打损伤回生集》载“接骨秘法”，外治骨折“用生雄鸡一只，捶烂贴”。

广东的跌打医生，在实践中对少林伤科也很有贡献。以一本近代的《少林寺真传伤科秘方》为例，里面有“风湿跌打药酒方（梁财信传下）”，梁财信是清代佛山人，先习武，后学医，创制跌打丸行销至今；又有“跌打续手足方（百峰山大工传）”，百峰山位于广东台山，旧有喃呒庙，大工可能是寺中僧人。直到现在，很多广东伤科医生仍有习武传统。

戒烟药方

鸦片在清代的流传，开始时是合法的，还按药材来征税。《广州府志》载：“鸦片烟在康熙初以药材纳税。乾隆三十年以前每年不过一百箱……嘉庆末每年私鬻至三四千箱。”对大量走私进来的鸦片，是加强收税还是禁止好？道光皇帝派林则徐去广州处理。林则徐是主禁派，便实施了强硬的禁烟措施。

但是收缴鸦片烟容易，那些已经上了烟瘾的人怎么办？林则徐早有准备，在发布禁烟公告的同时即发布戒烟指南。他动之以乡情，说“广东为声名文物之邦……不料近年以来，多沉溺于鸦片烟，以致传遍海隅，毒流天下”，贩鸦片和吸鸦片的都说是从广东传来，“似此大邦，冒此不韪，岂不可惜！”因此“另刊章程十条并各种断瘾药方”（《晓谕粤省士商军民人等速戒鸦片告示稿》），要求“迅速遵照前颁药方制药服食，全行断绝”（《颁发摘录鸦片烟新例禀》）。有人辩称吸鸦片烟有助于抵御瘴气，林则徐说：“即谓地有瘴气，尽可以槟榔、旱烟解之，省费适口，且不犯禁。何不以彼易此乎？”（《晓谕粤省士商军民人等速戒鸦片告示稿》）

作为技术支持的戒烟方，林则徐其实早在1833年就刊布过，它由上海医学世家何书田所拟，名为《救迷良方》，是一条由18味药组成的方子，因林则徐大力推广，又被称为“林文忠公戒烟丸”或“林十八”。药方中用了不少益气滋阴的补药，但也有两个药不无疑问，一是鸦片烟灰，二是罂粟壳，这两者不会令人上瘾吗？注意：服法有讲究。何书田说，服用一段时间后，“每日去有烟灰之丸一粒，以减其瘾，加补正丸二粒，以补其正”，补正丸是不含烟灰等的。这样逐步戒断，很是合理。

发达的广东药铺善于捕捉商机，马上制造了不少类似的戒烟药，行销一时。这些药的效果如何呢？其实那也许不是最重要的，何书田有句话：“烟瘾

◉晚清广州卖戒烟丸的店铺

易治，心瘾难医。”清代小说《花柳情深传》就讲了这样一个故事。书中人物镜如有鸦片烟瘾，向友人请教药物和办法，友人说：“若说戒烟的药，如今上海卖的种种灵验……一种是广东普太和一粒金丹，一种是广东遐迩斋龙涎香丸，一种是广东三益堂，几种皆是好的，人人吃了皆说不到十日尽行戒去。若怕花钱，便是林文忠公戒烟数方，又便宜又灵验。总而言之，吃了药便要死了这吃鸦片的心，方有灵验。”镜如听了这话，买这些药来吃，“果然将心放死，吃了药只五日瘾便断了。自己想想亦不知哪一种药吃好，方信戒烟人先要戒心，吃药方有灵验”。

帮助戒心瘾，或者得学林则徐恩威并施，先苦口劝谕：“一旦戒绝，精神将恢复而振作，身体将康健而强壮。”再断喝一声：“尔等须知无不可断之瘾，而贵有必断之心！”（《晓谕粤省士商军民人等速戒鸦片告示稿》）

全生篇：食养有道

惟人，万物之灵，备万物之养。饮和食德，以化津液。以淫筋脉，以行营卫。全生之术，此其要者。

——赵佶《圣济经》

圣人之所以全民生也，五谷为养，五果为助，五畜为益，五菜为充，而毒药则以之攻邪。

——徐大椿《医学源流论》

一方水土养一方人。岭南物种繁茂，生机勃勃，每令古人叹奇，载入各种《异物志》中。当人们适应环境后，不再停留在猎奇的眼光，就进而发现，“异物”之中有许多益人珍物，可为食，也可为药。饮食文化遂与医药文化相结合，食养发展成为新俗，岭南安居，尊赖于斯。

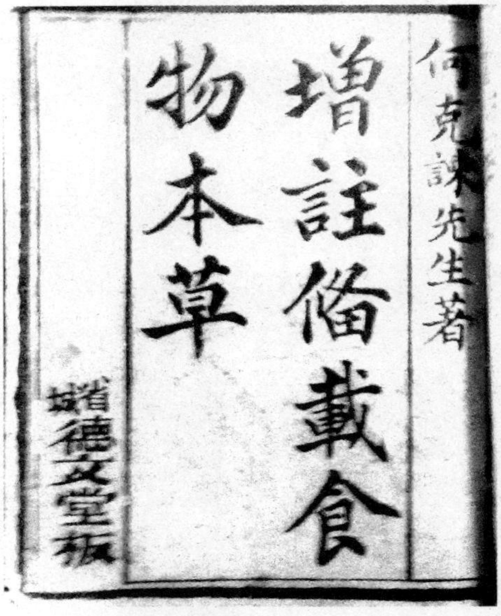

◎清代番禺人何克谏的《增注备载食物本草》，是一本饮食调养专著，在岭南流传广泛

殊方异物

古代有那么一段时期，中原人士对南方各式各样的物种特别感兴趣。去过南方的文人，回来总要写写那些北方见不到的动植物，他们把那些叫作“异物”。古代有多本叫《异物志》的著作，最有名的一本是东汉番禺人杨孚写的。说起来，现在广州人把珠江以南叫作“河南”，都是因为杨孚。他曾到北方为官，晚年返回广州定居，住在现在的广州海珠区下渡村。他从洛阳带回几株松树种在庭院，结果冬天时松树竟然铺满白雪，一如洛阳一带的北方景致。于是人们把他住的这个地区称作“河南”。

就像广州人看见雪的惊奇一样，杨孚的《异物志》也向北方人展示南方的惊奇：雪白汁甘的椰子，“味甘绝口”的荔枝，果甜皮香的橘子……物种奇特，美味益人，今日看来似是寻常的这些水果，当时足以令北方人大流口水。

如果只是这些，本当增添人们对岭南的向往。不过“异物”类著作还记载了岭南各种稀奇古怪的害人物种，把人们吓住了。

◉广州“河南”的杨孚井，现仍有井水，是市级重点文物保护单位

例如有一本《岭南异物志》记载，岭南有种“十二时虫”，形如守宫，“一日中随时变色，青黄赤白黑，未常定”，这似乎是指变色龙，然而又说它的头“随十二时变，子时鼠，丑时牛，亥时猪”，那就比变色龙还神奇了，人们无法命名，只好称为“十二时虫”，其性毒，“啮人不可疗”。不知动物学家能不能确定这是什么动物？古代最严谨的博物学家李时珍也相信它的存在，而且认为检验处女的“守宫砂”可能就来自这一物种。因为普通的守宫（壁虎），按李时珍试验并不能点臂成痣，失贞方褪。只有这么神奇的“十二时虫”才会有这种功能吧？

《岭南异物志》还记载，韶州（今广东韶关）、苍梧（今广西梧州）一带有两头蛇，令人惊慄。后来的《粤小记》记载，海南还有更奇特的“量人蛇”，它长达六七尺，碰到人就会竖起，跟人比个高低，低于它的人随即被吃掉。不过这种蛇太爱面子却智力低下，它在跟人比高时会发出“我高”的叫声，而人只要应声回答“我高”，它会顿时坠地死去……

杨孚是德高望重的学者，《百越先贤传》说他之所以写《异物志》，主要是针对各地“竞事珍献”，讽谏帝王不应贪好“异物”，以免地方官员竞相进贡，劳民伤财。不过“异物”二字，也代表了中原主流文化对岭南的看法，那就是奇方异俗，非端正之地，因而也非人之宜居。这成为古代岭南的一种印记。

甘蔗益人

甘蔗在广东人生活中应用广泛。以前过年，大年初一潮州人给出嫁的女儿的婆家送礼，礼物中通常要包含甘蔗，寓意女儿嫁后生活节节高、节节甜。珠三角地区清明祭祖，常用甘蔗成排做祭品，据说是纪念祖先当年乘坐竹排从珠玑巷前来珠三角。

岭南出甘蔗，由来已久。东汉时杨孚《异物志》就记载："甘蔗，远近皆有，交趾所产特醇好，本末无薄厚，其味至均……斩而食之，既甘。榨取汁如饴饧，名之曰糖。益复珍也，又煎而曝之，如冰，破如博棋，食之入口消释，时人谓之石蜜云。"甘蔗通常根甜梢淡，所以《世说新语》里有个典故，说名画家顾恺之"啖甘蔗先食尾。人问所以，云：'渐至佳境'"。然而按杨孚的记载，岭南的甘蔗从头甜到尾，都是佳境呢。

杨孚还谈到了用甘蔗榨糖，这是我国最早关于制造蔗糖的记载。这种蔗糖当时是贡品。《三国志》里记载了一则轶事。吴王孙亮让太监到库房去取交州贡来的甘蔗饧，饧即软糖。守库官员不知怎么得罪了太监，太监故意把老鼠屎扔到饧中，然后说守库官员失责。孙亮一查，这种贡品平时用银碗装盛，上面有盖，还有油纸覆盖，老鼠怎么可能进去？查出是太监索贿不成故意陷害。从其收藏规格，也可看到对甘蔗饧的珍视。

不过，《新唐书·西域传》里说："太宗遣使取熬糖法，即诏扬州上诸蔗，榨沉如其剂，色味愈西域远甚。"中国不是已经会制糖了吗，唐太宗干吗还要派使者到西域去学？这个问题引起学术大师季羡林的重视，他博采各国文献，写了一本洋洋洒洒数十万字的《糖史》。原来，看似平常的甘蔗，背后有极丰富的文化交流故事。季先生考证，甘蔗的原产地是印度，中文里起先写作"柘"，后来改作"蔗"，其实都是梵文的音译。中国原本只会榨汁晒干制糖，后来唐太宗派人去印度学的是更加先进的煮熬炼糖方法。

甘蔗对人体有益，在南北朝时由名医陶弘景开始记录入药，他说：“广州一种，数年生，皆如大竹，长丈余，取汁以为沙糖，甚益人。”（《名医别录》）不过在印度佛典中，甘蔗老早就是重要的治病药物了。看来岭南作为中印交流的前沿，在甘蔗日用及药用的传播中都起着关键作用。

也并非所有关于甘蔗的知识都是外来的。季羡林先生说，中国在引入熬制炼糖法后，经过改良，发明了制造白砂糖的方法，领先于世界。而在甘蔗的养生方面，咱们中国的用法也自有特色。潮州有民谚：“立冬食蔗，不会齿痛。”清代名医王孟英则将甘蔗妙用于热病后期。他有三条果汁“名方”：“天生白虎汤”西瓜汁，性较寒凉，火气大者宜饮用；“天生甘露饮”梨汁，中度上火兼有口渴最适合；“天生复脉汤”就是甘蔗汁了，用在火热减退之时，恢复人体津液效果最佳。

采珠生涯

历代岭南进贡中央的物品，珍珠是一大种类。汉代在岭南合浦郡的海南岛设立珠崖县，用珍珠来命名；三国时，干脆把合浦郡改为珠官郡。说白了这里的任务就是采取珍珠供给皇家。

汉代《盐铁论》说："珠、玑、犀、象出于桂林……一揖而中万钟之粟也。"珍珠这么值钱，政府是禁止民间自行捕捞的，老百姓只能偷偷干。三国时吴国的万震著《南州异物志》说："合浦民善游，采珠儿年十余岁，使教入水。官禁民采珠，巧盗者蹲水底刮蚌，得好珠，吞而出。"晋朝平吴后，陶璜上疏，请准开珠禁，允许群众贸易往来，靠采珠为生的珠民才得以执业。但为了保证御用供应，还是规定某些地段为皇家珠池，如唐代《岭表录异》说："廉州边海中有洲岛，岛上有大池，谓之珠池。每年刺史修贡，自监珠户入池，采以充贡。"这些地方平时实行珠禁，保证珍珠有时间长大，这叫作"养珠"。

下海采珠不但得水性好，还得运气好。《南方草木状》记载入海采珠时要有隆重的祭祀仪式："凡采珠，常三月，用五牲祈祷。若祠祭有失，则风搅海水，或有大鱼在蚌左右。"生命危险时常存在，一旦"不幸遇恶鱼，一缕之血浮于水面，舟人恸哭，知其已葬鱼腹也。亦有望恶鱼而急浮，至伤股断臂者"，所以唐宋时合浦人是把珠池叫作"望断池"的。

皇家对珍珠需求量大，总嫌地方供应不足，明朝时干脆任命采珠太监，直属中央，驻在廉州负责采珠。可是自然资源有限，虽然规定"十年一采"，但总是越来越少了。有官员反映说："五年采珠之役，死者五十余人，而得珠仅八十两，天下谓'以人易珠'，恐今日虽以人易珠，亦不可得。"（《明史》）明末人们开始用比较安全的方法，屈大均记载，人们开大船出海，垂下大筐，里面放上鱼、肉等"珠媒"，吸引蚌前来食用，一旦发觉筐重到船开不动，就绞缆收

◉明代宋应星《天工开物》中的“没水采珠船”图

筐，“缆之收放，以数十人司之”（《广东新语》），可见规模之大。

珍珠是奢侈品，品相好才值钱。有时难免会采到些样貌差的，那就可以当药用。珍珠药有清肝明目、定惊安神的功效，当然不能成粒吞，需要磨成粉。但怎么磨就有讲究了。南北朝时的《雷公炮炙论》说，至少要用药水煮上三日三夜，然后再“于臼中捣细，以绢罗重重筛过，更研二万下用”。不磨细人体是吸收不了的，而且还会损伤肠胃。但这么做起来工序实在复杂，后来李时珍《本草纲目》介绍一种方法：“以绢袋盛，入豆腐腹中，煮一炷香，云不伤珠也。”这样煮几个小时就可以了。据验证，这样加工的珍珠粉总氨基酸含量最高，所以很多药方在用珍珠时，后面都特地标明“豆腐制”三个字。

荔枝排名

荔枝上市时节，人们又想起 “一骑红尘妃子笑，无人知是荔枝来”的名句。当年杨贵妃吃的是哪里的荔枝？这到现在还是个悬案。考虑到荔枝保鲜不易，有人认为应当来自她的家乡四川，证据之一是苏轼的诗：“永元荔枝来交州，天宝岁贡取之涪。”（《荔枝叹》）涪就是涪陵。

但清代曾任两广总督的阮元作《岭南荔枝词》，将这件事跟高力士扯上关系：“新歌初谱荔枝香，岂独杨妃带笑尝。应是殿前高力士，最将风味念家乡。”高力士家乡在粤西，是他将岭南荔枝带给杨贵妃？近年考古发现了高力士的墓志铭，证实其曾祖曾任高州（今广东高州）都督，祖父与父亲先后出任潘州（今广东茂名）刺史。高力士幼年时净身到京城入宫，后来带全家离开岭南，庆幸“瘴海炎山，不为疵疠”（《大唐故开府仪同三司赠扬州大督都高公神道碑》）。墓志里并没有提荔枝，有文章说这是杨贵妃吃高州荔枝的“铁证”，不知从何说起？

岭南进贡荔枝远非始自高力士，早在汉代就有。汉武帝在长安建扶荔宫，就是想将荔枝移植到京城，只是“自交趾移植百株于庭，无一生者”（《三辅黄图》），仍得靠进贡。《后汉书》载：“旧南海献龙眼、荔支，十里一置，五里一候，奔腾阻险，死者继路。”后来孝和帝说：“远国珍羞，本以荐奉宗庙。苟有伤害，岂爱民之本？”曾下令罢贡。

确实也有史书说杨贵妃吃的荔枝来自岭南。《唐国史补》说：“贵妃生于蜀，好食荔支。南海所生，尤胜蜀者。每岁飞驰以进。”清代《岭南荔枝谱》也说，杨贵妃“特以南海荔枝胜蜀，每岁飞骑以进，亦不取诸闽也”。这又带出另一件公案：哪里的荔枝最好吃？“荔枝谱”是各地荔枝的排名榜，但要看是哪个省的人写的。《岭南荔枝谱》作者吴应奎是广东人，岭南荔枝就排最前。而宋代福建人蔡襄作《荔枝谱》则说：“验今之广南州郡与夔、梓之间所出……其精好者仅比东闽之下等。”居然认为广南和四川最好的荔枝仅及福建的下等！

但不管哪儿出产，“一只荔枝三把火”这句话都令人忌惮，有人质疑苏轼“日啖荔枝三百颗”不可信。可是蔡襄曾说：“或以其性热，人有日噉千颗，未尝为疾。”（《荔枝谱》）比苏轼吃的多两倍也没事。所以会否上火，其实要看体质。纵然上火也有解法：“即少觉热，以蜜浆解之。”

然而荔枝毕竟糖分高，不宜过食。汉代杨孚《异物志》就说：“可饱食，不可使厌。”“厌”是过度的意思。如果过食荔枝，清代屈大均记载了一种解救方法——清晨去吸荔枝树的露水：“先吸其露，次咽其香，使氤氲若醉，五内清凉，则可以消肺气，滋真阴，却老还童，作荔枝之仙！”（《广东新语》）

槟榔与瘴

除了前面提到的饮酒，岭南还有一种被认为可以抵御瘴气的习俗是嚼槟榔。

关于槟榔，早在东汉杨孚的《异物志》，就载其有“下气及宿食，消谷”的功效。到了唐代，《岭南录异》说：“交州地温，不食此无以祛其瘴疠。广州亦啖槟榔，然不甚于安南也。”

以亲身经验支持食槟榔御瘴的人是宋代罗大经，他在《鹤林玉露》中说：“岭南人以槟榔代茶，且谓可以御瘴。余始至不能食，久之，亦能稍稍。居岁余，则不可一日无此君矣。”他总结槟榔有大作用：一曰醒能使之醉，二曰醉能使之醒，三曰饥能使之饱，四曰饱能使之饥。总之可以提神、助消化，有益身体。

可是习俗的好坏，要跟体质相配。身体虚的人嚼了槟榔会感觉不舒服，像柳宗元，“仆自去年八月来，痞疾稍已……用南人槟榔、余甘，破决壅隔大过，阴邪虽败，已伤正气”（《与李翰林建书》）；还有苏东坡，“中虚畏泄气”，“日啖过一粒，肠胃为所侮”（《食槟榔》）。

宋代开始出现理学，人们喜欢研究道理。周去非《岭外代答》记载了一位医生对嚼槟榔的分析：“槟榔能降气，亦能耗气。肺为气府，居膈上，为华盖以掩腹中之秽。久食槟榔，则肺缩不能掩，故秽气升闻于辅颊之间，常欲啖槟榔以降气。实无益于瘴，彼病瘴纷然，非不食槟榔也。”嚼了槟榔会觉一时口颊爽快，但久之对身体无益。它对于消除普通瘴雾湿滞有些作用，但对真正的瘴病，尤其是反复发作的疟疾，并无特别效果。《岭南卫生方》甚至说，嚼槟榔是导致岭南人面黄瘦小的原因之一：“峤南地热食槟榔，故藏气疏泄。若一旦病瘴，当攻发则虚羸而不能堪。所以土人多瘠而色黄，岂全是气候所致，盖亦槟榔为患。”

◉清朝卖槟榔图。见《北京民间风俗百图》

所以像苏东坡所说：“瘴风作坚顽，导利时有补。药储固可尔，果录讵用许。”（《食槟榔》）意思是槟榔可以作为消除瘴病腹胀的药物储备，但不要列为果品多吃。

不过对于岭南人来说，嚼槟榔不只是为了祛瘴，还是一种社交礼仪。晋代《南方草木状》记载：“交广人凡贵胜族客，必先呈此果。若邂逅不设，用相嫌恨。”到清初屈大均著《广东新语》时仍然如此：“粤人最重槟榔，以为礼果，款客必先擎进，聘妇者施金染绛以充筐实，女子既受槟榔，则终身弗贰。而琼俗嫁娶，尤以槟榔之多寡为辞。有斗者，甲献槟榔，则乙怒立解。”

那时中原人士给“南蛮之地”岭南编有一个段子：“天蛮不下雪，地蛮不落叶，人蛮口吐血。”（《张氏医通》）后一句就是指嚼槟榔，因为嚼食时口水鲜红。这样的调侃可有点过分。对于习俗，应有一定的尊重，只需把利弊道理说清，日久自然会逐渐改良。

香药生意

宋代广州的香药贸易，比起唐朝更盛。南宋数学名著《数学九章》中有一道算术题，说有甲乙丙丁四人合资到海外贩香药，但各人出资的类型不一，有金，有银，有盐，有钞，买来的货物则有沉香、胡椒和象牙，应该如何分配？一系列折算换算后，仅甲就该分得沉香1488两、胡椒3050包、象牙62合。这反映出当时商务活动的复杂状况，而香药贩买的规模也可见一斑。

宋代政府抽取进口香药的一部分作为税金，为增加税收设有奖励标准大力招商。商人如果组织船队前来，使抽取货物税金价值达到10万贯的，就可以“补官有差”；税务官员的业绩还以乳香为指标，“抽买乳香每及一百万两，转一官”（《宋史》）。用官位作封赏，可谓惠而不费。当时杭州、明州和广州三处都设有市舶司（海关），但“虽三处置司，实只广州最盛也”（《粤海关志》）。广州官员最有机会谋利，宋代余靖知广州，特别“戒在任官吏，不得私市南药”（《广东新语》）。但是禁也禁不住，有的税务官员私下创业，还办出了知名品牌。

叶寘《爱日斋丛钞》记载：“有吴氏者，以香业于五羊城中，以龙涎著名。”《负暄杂录》介绍龙涎香品时也说：“番禺有吴监税……亦一时绝品。”监税正是主管税务的官员，可见是近水楼台。《岭外代答》还说“番禺人吴宅作心字香及琼香”，《香谱》又有“广州吴家软香”。这些指由多种香药配成的复合香，当中以“吴家心字香”最出名。心字形的香，燃尽成灰后仍保持形状，特别能触动文人情怀。宋代吴曾《能改斋漫录》记载，南宋时有个滞留北方的士人，收到南方友人寄来的龙涎香，作诗说“认得吴家心字香”，香沾衣襟不散，令人“洗破征衣更断肠”。词人王沂孙也有《天香（龙涎香）》词说：“梦深薇露，化作断魂心字！”

吴家香如此有名，后来杭州也有人“仿广州造龙涎诸香”（《夷坚志》）。不过吴家香有难以仿造的独家材料，据《岭外代答》记载，其配方中除了沉香等，还有素馨和茉莉。尤其是素馨，《扪虱新话》说：“制龙涎者，无素馨花，多以茉莉代之。郑德素侍其父漕广中，能言广中事，云素馨唯蕃巷种者尤香，恐亦别有法耳。龙涎以得蕃巷花为正云。”叶寘也说香药“各有制法，而素馨之熏最佳”。北方没有广州的素馨花，始终差了一筹。

宋代陈敬《香谱》说，薰香“不徒为熏洁也，五脏惟脾喜香，以养鼻通神观，而去尤疾焉”。古代认为气味入五脏，而臊、焦、腥、腐、香五种气味里，只有与脾相通的香味是正常的，为人喜闻，可以醒脾去疾。

薰香如此盛行，吴监税是独门生意，又不缺钱，所以相当潇洒：“香有定价，家富，日飧如封君。如自叩之，彼不急于售也。”（《爱日斋丛钞》）

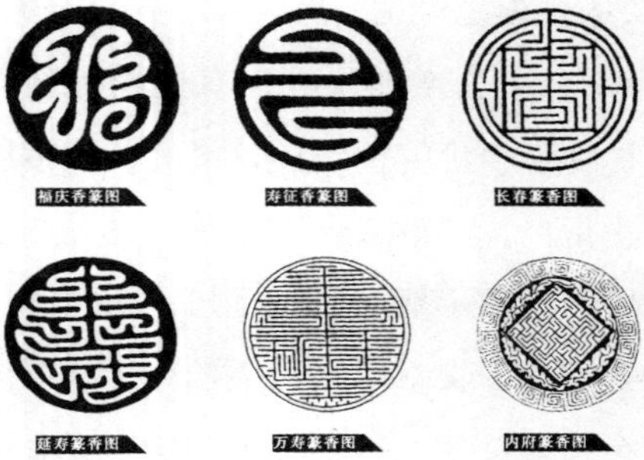

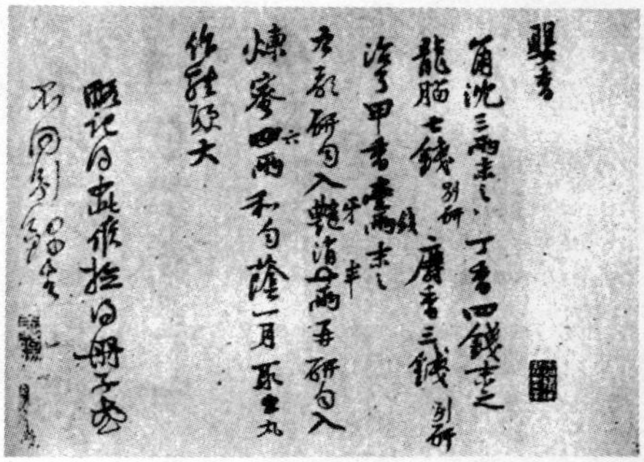

◉明周嘉宥《香乘》中香篆图（左图）。当时用不同的香篆印模，将香料制成相应形状，燃完后香灰还保留着美观的形态。所谓“心字香”，应当是用“心”的篆字曲折制成，关键在于香的配方独特。《制婴香方帖》（右图），是北宋著名学者黄庭坚手抄的一种“婴香”配方

海南天香

宋代，海南沉香开始名闻天下。

沉香树种生长在热带，在中国以海南出产最佳。宋代官员丁谓被流放到海南任崖州司户参军，见海南沉香“芳馨之气，特久益佳”，胜于国内其他产地，“雷、化、高、窦，亦中国出香之地，比海南者，优劣不侔甚矣”，即使与外国相比，也属上品，“大舶之徒，由是披靡”（《天香传》）。宋代蔡绦《铁围山丛谈》也说海南沉香“为冠绝天下之香，无能及之矣”。当时“海南真水沉，一星值一万”。一星即一两，据推算宋代一两黄金也只值一万文，即沉香与黄金等值。这在周去非《岭外代答》中得到证实：“顷时香价与白金等，故客不贩，而宦游者亦不能多买。中州但用广州舶上蕃香耳。”

丁谓将海南沉香称为“天香”，特地为之作《天香传》。他感叹身在天涯，“忧患之中，一无尘虑”，唯以“炉香之趣，益增其勤”。传中记载了海南沉香的出产情况。当地少数民族并不爱用沉香，伐香只是供内地需要，因此注意“取之有时，售之有主”，“盖黎人皆力耕治业，不以采香专利。闽越海贾惟以余杭船即市香。每岁冬季，黎峒俟此船至，方入山寻采，州人徙而贾贩尽归船商，故非时不有也”。可是沉香树种生长缓慢，越采资源越少。屈大均记载明末曾采取包山制，并不保证收获：“香产于山，即黎人亦不知之。外人求售者，初成交，偿以牛酒诸物如其欲，然后代客开山，所得香多，黎人亦无悔。如罄山无有，客亦不能索其值也。”（《广东新语》）再到清朝，资源就近于枯竭了。康熙年间崖州知州张擢士反映“采买艰难”说：“沉香乃天地灵秀之气，千百年而一结……莫不知寸香可获寸金，由此而沉香之种料尽矣！若候再生再结，非有千百年之久，难望珍物之复钟。”（《崖州志》）呼吁朝廷停止收采海南沉香。

都说金银珠宝是奢侈品，其实沉香才是真奢侈，《岭外代答》形容宋代海南沉香的气味之佳说：“万安军（今海南万宁）在岛正东，钟朝阳之气，香尤酝藉清远，如莲花、梅英之类。焚一铢许，氛翳弥室，翻之四面悉香，至煤烬，气不焦，此海南香之辨也。”但那么珍贵好闻，也只得一刻便化灰了。不如用来作药，更尽其价值。宋代对沉香功效的认识得到拓展，宋代《本草衍义》说以前药书只记载沉香“疗风水毒肿”等，“今医家用以保和卫气，为上品药”，已经成为大众保健药。《西湖老人繁胜录》记载在南宋市面上都有“沉香水”作为饮品出售。

而丁谓，则以沉香水相伴至死：“临终前半月已不食，但焚香危坐默诵佛经，以沉香煎汤，时时呷少许，神识不乱，正衣冠奄然化去。”（《苏州旧志》）

◉北宋张择端《清明上河图》中的香药铺。招牌上书“刘家上色沉檀拣香”，专卖沉香、檀香、乳香（即拣香）等名贵香药

蒙汗灵药

《水浒传》里屡屡提到“蒙汗药”。《宋史》里，则有杜杞“为曼陀罗酒”麻翻投降的蒙赶等人的记载。一般认为，曼陀罗就是蒙汗药的主要成分。宋代周去非《岭外代答》说：“广西曼陀罗花，遍生原野，大叶白花，结实如茄子而遍生小刺，乃药人草也。盗贼采干末之，以置人饮食，使之醉闷，则挈箧而趋。”明朝《七修类稿》说：“据是，则蒙汗药非妄。”

其实曼陀罗花早已用在医学上。宋代窦材的《扁鹊心书》记载有一条“睡圣散”方说：“人难忍艾火灸痛，服此即昏睡，不知痛，亦不伤人。此方由山茄花（曼陀罗）、火麻花共研为末，每服三钱，一服后即昏睡。”除了昏睡，明代李时珍还证实它有致幻作用，他为写《本草纲目》收集资料时亲自试过，曼陀罗花“笑采，酿酒饮令人笑；舞采，酿酒饮令人舞。予尝试此，饮须半酣，更令一人或笑或舞引之，乃验也”。

这种植物，医生可以用，官兵可以用，盗贼自然也不会放过。元代法律文书记载有相关案例：“李广志明招摘取蔓罗、草麻子修合懵人。”“刑部议得李广志所犯，用懵药令吴仲一食用，刀割取钞。”（《元典章》）这个李广志制造的“懵药”，可能就是蒙汗药得名的来源。有专家认为，“蒙汗药”其实是“懵汉药”——把汉子懵倒。

明代《岭南琐记》还记载有这样的案例。作者魏濬派下属送官印回寓所，下属在路上喝了别人几口酒，立即昏睡过去，醒来发现印已被盗。官印被盗那还了得？立即派人四出搜查，好在不几天就破了案，盗贼招供，“云用风茄为末，投酒中，饮之即睡去，须酒气尽以寤。问从何得之，云此广西产，市之棋盘街鬻杂药者”。风茄也是曼陀罗别称。

可以用来合蒙汗药的不止曼陀罗一种，功效类似的还有天仙子和羊踯蠋。《药性会元》说，以羊踯蠋“同曼陀罗与川乌、草乌合末，即蒙汗药”。《疡医大全》说：“蒙汗药大约用天仙子为君，加狐心等物，虽不杀人，然令人迷而不醒。”

在古代小说里，解蒙汗药通常是喝一碗凉水。这到底行不行呢？《疡医大全》“救误服蒙汗药门”有专门研究，认为凉水有效，但可能有副作用：“凉水解之，亦能少苏，但凉水入心，水停心下，倘虚人必变他证。”书中有更有效的“止迷汤”，用茯苓、甘草、瓜蒂、陈皮等药配成，服后“即大吐而醒，其从前事断不遗忘，不似凉水之解，如醉如痴也”。

可见，母夜叉孙二娘对押解武松的两个公人没有用凉水，而是“调了一碗解酒药，张青扯住耳朵灌将下去”（《水浒传》），其实是格外关照了。当然公人醒来后没有不适，还连呼“好酒”，也便觉察不到被下过药。

◉明容与堂《水浒传》插图之“母夜叉孟州道卖人肉”。母夜叉孙二娘用蒙汗药迷倒押送武松的官差

蛇胆贡品

唐宋两代，岭南有一种贡品名列史册，即蚺蛇胆。蚺蛇即蟒蛇，作为蛇中之巨无霸，它的胆也足够大，成为珍品。

据《岭表录异》记载，唐朝的岭南有专门养蛇取胆的人家，“雷州有养蛇户，每年五月五日即担蚺蛇入府，祗候取胆”，养蛇人用拐子将蟒蛇固定，“即于腹上约其尺寸，用利刃决之，肝胆突出，即割下其胆，皆如鸭子大，曝干以备上贡”。取胆之后，当时还很人性化地“以线合其疮口，即收入笼，或云舁归放川泽”。

宋代人们则到野外捕蛇，场面壮观。《岭外代答》《建武志》等书记载过程说，人们把蟒蛇包围后，“环而讴歌”，声势上把蛇吓住，“蛇闻歌即俯首”，这时接近蟒蛇，“壮士大刀断其首，众悉奔散远伺之”，不一会，“蛇身腾掷，一方草木为摧”，等蟒蛇死后，“则剥其皮以鞔鼓，取其胆以和药，饱其肉而弃其膏。盖膏能痿人阳道也”。

蟒蛇胆在汉末已经入药，有燥湿杀虫、清热明目之功。但除此之外还有神奇传说。据说蟒蛇胆在体内位置变化不定，唐代《酉阳杂俎》说：“蚺蛇胆上旬近头，中旬在心，下旬近尾。”作用也分三种，“（蚺蛇）胆有三，一曰旱胆，能疗目；一曰水胆，能止泻；一曰护身胆，为熬刑药”（《南越笔记》）。

所谓护身胆，指能耐受打击。《岭南杂记》载：“得蚺蛇，每击一下则皮肉蹙缩成泡而血凝，即护身胆，真者在腹内，价过兼金。”因此服护身胆能熬刑。这在正史中有一个著名典故，《明史·杨继盛传》载，嘉靖年间权奸严嵩当道，杨继盛上《请诛贼臣疏》，严斥严嵩“五奸十大罪”。严嵩假传圣旨将杨继盛投入死牢，廷杖一百。友人担心他受刑，送来蚺蛇胆一具，说是可解血毒，但杨继盛（字椒山）拒绝接受，说："椒山自有胆，何蚺蛇为！"（《明史》）但是他受刑真不轻，曾自行割下腐肉三斤，断筋二条，非常惨烈。受尽三年狱中折磨后，终被处死，临刑有诗曰："浩气还太虚，丹心照千古；生前未了事，留予后人补！"（《杨忠愍集》）假如用了蟒蛇胆，杨继盛的痛苦或许会少一些。

事实上蟒蛇胆得来不易，南朝医书说"此物最难得真"（《本草经集注》），唐代时据说已有人作伪，"其胆难识，多将猪胆代之"（《食疗本草》）。在中药里，胆都有清肝明目功效，但护身之说只有蟒蛇胆才有。

至于蚺蛇膏"能痿人阳道"的说法，也有实例。明武宗正德皇帝宠信宦官刘瑾等人，又以风流闻名，曾在宫外建了一座"豹房"，甄选大量美女入住其中，但终身却无子嗣。其原因，据《庭闻述略》披露："武宗初年尝宿豹房，刘瑾等以蚺蛇油萎其阳。"

广东蜡丸

小说《金瓶梅》里，有一日孟玉楼“心凄恶心”，“西门庆忽然想起：‘昨日刘学官送了十丸广东牛黄蜡丸药，用酒儿吃下极好，即使兰香向你大娘要去，在上房磁罐内盛着哩！就拿素儿带此酒来，吃了管情手到病除。’”药拿来后，“西门庆看着筛热了酒，剥去蜡，里面露出金丸来，拿与玉楼吃下去”，第二天孟玉楼的心痛便好了。

广东蜡丸在《金瓶梅》成书的时代明朝，确实是知名品牌。据记载，蜡丸始创于明万历年间，当时佛山梁仲弘创制成药“抱龙丸”，发明了用蜡封装法，先以蚬壳装药丸，再外封以蜡。抱龙丸深受欢迎，屈大均说：“广中抱龙丸为天下所贵。”（《广东新语》）带动了蜡丸的流行。随后另一家药号陈李济新创了后世熟悉的蜡壳药丸，即以木球做模铸成蜡壳，封装药丸在内，更便于流通。清代李调元《粤东笔记》说：“南方草木入药者甚伙，市人制丸裹蜡，俗称广丸，远方携用颇验。”康熙年间刘继庄《广阳杂记》记载说：“周少参、陈海槐，广东蜡丸皆此二家所制，周卖中土，陈主外夷。”看来蜡丸已被广泛应用到内外成药贸易中。

蜡丸对药物保存有关键作用。例如《金瓶梅》里“广东牛黄蜡丸”，可能

◉被称为蜡丸始祖的梁仲弘祖铺匾

◉广东陈李济“附子理中丸”蜡丸仿单，广东中医药博物馆藏

参考了明代医书《万氏济世良方》里的急救牛黄丸，书中说“广东蜡丸者，多用此方”，方中有麝香、蟾酥、牛黄、琥珀、冰片等名贵药材，气味芬香，容易挥发，用蜡封装则可以避免，后人称“丸用蜡包，不出气为妙”。

广东蜡丸的出名还在于其奇效。近代杨熙龄记载，他受寒后咳嗽痰多，百药无效，一个多月不能入睡，以至“气息奄奄”，自以为将死。邻居阿婆“云其家有广东丸药，或可疗是证”，拿来一看，是妇科药坤顺丹，他不以为意。到晚上因咳得厉害，姑且“取丸用陈酒蒸服”，结果“一夜安然，痰嗽俱减，群以为奇”（《著园医药》）。再去找阿婆，药丸已经没有了，但杨熙龄的病再也没犯，他大赞该药丸疗效神奇，到了“不可解”的地步。

但是成药的作用也不能过于夸大。清代许豫和说：“蜡丸制于粤东，挟利者货于四方，愚夫愚妇误服而受害者不知凡几。”误服的原因是不懂药性，所以他建议“送药之家，必系以方，使服者坦然无疑”（《医述》）。方指仿单，即药店印制的说明书，上面除写明成分外，有的还会列明不同情况下的药引，方便人们对症运用。《松峰说疫》说：“夫一方而治多病者……广东蜡丸亦有此说。然彼必有一单，某症用某引和服。”《金瓶梅》里用酒送服药丸，就是一种药引，另外还描写有用“灯心薄荷金银汤”送服金箔丸的服法。

蛤蚧元配

鲁迅曾经讽刺地记述有医生给他父亲开处方，药引要用“元配的蟋蟀一对”。蟋蟀在中医其实不常用，但确有强调成对甚至元配应用的药材，例如蛤蚧。

蛤蚧是岭南特产的药用贡品。西汉末，扬雄《方言》一书就有“桂林之中，守宫大者而能鸣，谓之蛤解”的记载，蛤解就是蛤蚧，形似守宫。蛤蚧往往雌雄成对一起出没，常同时被捕获。晋代《广州记》描述：“蛤蚧生广南水中，有雌雄，状若小鼠，夜即居于榕树上。投一获二。”蛤蚧宜成对入药，《图经本草》说它“行常一雄一雌相随，入药亦须两用之”。元明清三朝，岭南进贡蛤蚧均以“对”为单位。

古人认为，独特之物必有独特之效。蛤蚧有几个独特之处都与药效有关。首先是会断尾。这是蛤蚧用来迷惑捕食者的求生技能，人们觉得相当神奇。《开宝本草》一书说：“（蛤蚧）最惜其尾，见人取之，多自啮其尾而去。药力在尾，尾不全者不效。”据说现代研究也表明蛤蚧尾部的有效物质高于体部，所以古人思维不能说毫无道理。为了捕到完整的蛤蚧，宋代采用了一种好办法：“人欲得其首尾完者，乃以长柄两股铁叉，如粘黐竿状，伺于榕木间，以叉刺之，皆一股中脑，一股著尾，故不能啮也”（《图经本草》）。

另一个独特之处是叫声。雄性叫声像“蛤”，雌性叫声像“蚧”，所以合称为蛤蚧。《粤中见闻》说蛤蚧常“自呼其名”，这有点本末倒置——名是人类“因声而名”给起的，它们哪里知道自己叫什么名字？倒是从叫声的长短可判断功效高低，《檐曝杂记》说：“一声曰蛤，一声曰蚧，能叫至十三声方止者乃佳。其物每一年一声，十三声则年久而有力也。”《广东新语》说甚至“有鸣至数十声者，人以为神”。

蛤蚧的功效，唐代时已经认识到可以补肺补肾，医生治喘咳多用。它的功效突出，可以通过含服验证，《岭外录》说：“口含少许奔走，令人不喘者是其真也。”

明代社会世俗化，各种各样的性药流行。于是蛤蚧另一个独特习性，即经常成双成对出现，也被发掘出新功能：壮阳。但一定要捕到正在交配的蛤蚧方有此功效。李时珍《本草纲目》引顾玠《海槎录》说：“（蛤蚧）情洽乃交，两相抱负，自堕于地。人往捕之，亦不知觉，以手分劈，虽死不开。乃用熟稿草细缠，蒸过曝干售之，炼为房中之药甚效。”这是真正的元配了。不过这种机会实在难得，《檐曝杂记》说：“遇其雌雄相接时取之，则有用于房中术，然不易遇也。药肆中所售两两成对者，乃取两身联属之耳。”

◉宋《重修政和经史证类备用本草》中的“蛤蚧”图

姜酒飘香

岭南一些地区有种风俗，妇女产后要吃姜醋或饮姜酒。这在明朝就存在了，《广东新语》说：“粤俗，凡妇娠，先以老醋煮姜，或以蔗糖、芝麻煮，以坛贮之。既产，则以姜醋荐饷亲戚，妇之外家，亦或以姜酒来助，名曰姜酒之会。故问人生子，辄曰‘姜酒香未？’”屈大均还引江门大儒陈白沙的诗“隔舍风吹姜酒香”为证。原句在陈献章的《白沙集》里没找到，倒是有近似的一首诗：“宁知生蚤与生迟，真凤真麟出以时，何处氤氲姜酒气，香风吹入野人卮。”（《次韵东所送姜酒》）《白沙集》里还有《谢伯倚得孙送姜酒至》诗，贺“伯倚今朝又作翁”；《张廷举送姜酒至》诗，贺“廷举今年始抱孙”。可见生子食姜醋或饮姜酒是惯常习俗。

姜和醋是好搭配，一散一收，阴阳调和，加上糖来煲鸡蛋或猪脚，富有营养。晚清《时事画报》记载：“粤妇受孕，临蓐之前数月，即预煮姜醋，醋中实以鸡蛋。多者六七埕，少者亦一二埕，分娩后则取而食之，每日数食，每食数碗。用以贮姜醋之钵，谓之‘住月钵’，盖谓产妇住月时所用也。”这一现象曾引来医学家研究，认为有一定的合理性，近代著名中医谢观说：“广州人之预备生产也，必以生姜数十斤，熬醋十余斤，于产后匝月内拌米饭尽量食之，不得少掺他品。从之则体健，违之则多病，或且不测。”（《中国医学源流论》）东莞籍名医卢觉愚说：“吾莞俗更服吴萸、姜醋等，动辄数两以至数十斤，似非此不足以复其元气者。”（《觉庐医话》）妇女生育是一个极度消耗体力的过程，过程中破水失血，产后排瘀血恶露，难免元气受损，而且生育时身体暴露，易于受寒。姜醋蛋或猪脚可以起到补充元气兼散寒化瘀的作用。

不过姜与酒搭配，两者都辛热，有没有问题？清代公案小说《施公案》中，有一件“姜酒烂肺”案：“施公大喝一声，说：‘你这囚徒，好张利口！

事已败露，亲口自言姜酒害人。你与郝遇朋生前每日一早，空腹以姜饮酒，此乃《本草》遗留六沉八反姜酒烂肺毒方！’”小说的流传让不少人对姜酒产生疑问。不过在现存各种本草书中根本查不到所谓“姜酒烂肺毒方”，恐怕纯属虚构。从理论来说姜与酒的搭配确实偏于热性，多饮可能有害。不过实际上广东风俗所用的酒不是白酒，而是糯米酒，甜味远大于辛味，用来做姜酒鸡，即使产妇连吃一个月，也没什么问题。民国《赤溪县志》（赤溪县，今广东台山赤溪镇）载：“县俗，妇人生产，月内必以雄鸡炒姜酒食之，盖取其去风而活血也。”

添丁送姜酒，至今仍是岭南民俗。

署内橘红

若干年前，一些资深专家整理清宫医案，发现太医处方中开的橘红后面常常标着“署内”两个字。给太监总管李莲英治病的记录，有一次还写着“本方减广橘红，用署内橘红”（《清宫医案集成》）。专家不太清楚其中区别，加了个按语说：“橘红用署内者，指进药时署明内廷专用之上品。”

署内橘红确是上品，但“署内”二字是什么意思，若去到广东化州问一问，专家就知道自己望文生义了。屈大均记载：“化州故多橘红，售于岭内，而产署中者独异。”（《广东新语》）署内者，专指产于化州官署内的橘红。关于它的来历有个传说，大意是说，官署内有一棵“橘”树，树下有一个金鱼池。有次州官得了痰病，久治不好，一日仆人无意中舀了金鱼池中的水来煲药，结果这剂药效果特别明显。后来发现金鱼池中飘落了许多橘花，这才知道原因，进一步发现这棵树所结果的果皮效果更好，这就是署内橘红的来由。

这棵树出了名，于是被官府垄断起来。《广东通志》载：“化州仙橘……治痰症如神，每片真者可值一金。每年结实，循例报明上官，至期采摘批制。即官斯土者，亦不易得。”署内橘红成为宫廷特供，连地方官都难得到。近年在故宫发现了广东进贡的署内橘红，保存极为珍重，共有四层，外层是木盒，第二层是锡盒，第三层是油纸，最内层是黄纸，里面包的橘红切片整齐，每捆用黄线捆扎，每扎之间还有黄色棉花相隔。木盒外写明“署内橘红一件片”，每捆上也有黄纸笺写着“署内”二字。

化州橘红为什么优于其他地方的橘红？其实有品种上的不同。《粤小记》载：“所谓橘红者，即今之陈皮是也。化州橘红实柚皮耳。……柚皮伪为之橘红，逾岭而北至京师，亦有效验，不必化州正地道也。”广东人经常分不清橘科植物，将化州这种柚树叫成了“橘”。但是署内橘红比起同用柚皮制，甚至

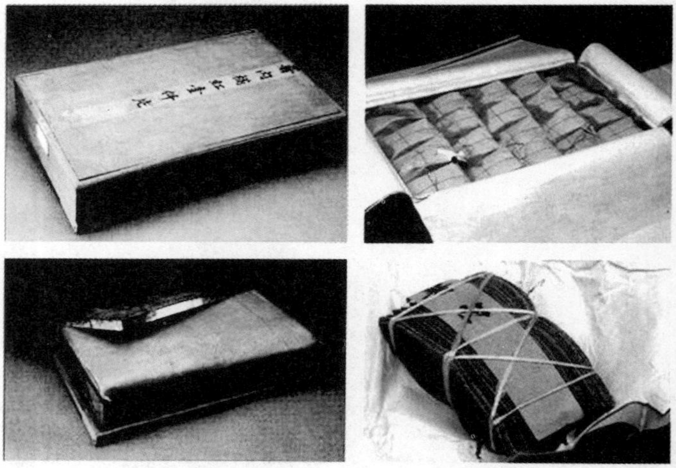

◉清宫中保存的署内橘红。取自《清代宫廷医学与医学文物》

同产化州的其他橘红仍然效果最好，这又是为什么呢？在署内橘红被皇家专用后，化州民间曾用其种广为栽种，形成两大果园，一为赖家，一为李家，每家又分上、下两园，都是上园质量好，下园较次。其中只有赖家上园一株老树能与署内橘红媲美。清代著名学者阮元前来考察，提出一种说法：“或曰化城地中多礞石，苏泽堂当石之上，而赖园老树根下，礞石之力更巨。物性所秉，理或然欤？”（《化州橘红记》）礞石是一种矿物类化痰良药，化州好的橘（柚）树都正好长在礞石周围，所以才有“瀹汤饮之，痰立释”（《广东新语》）的奇效。

清宫里有不少用橘红配成的茶方，例如用橘红配麦冬或焦三仙等泡茶，对于痰多咳嗽的人相当适宜。

生草药材

广州农贸市场周围，有时可以见到老婆婆摆地摊卖着三几把不识名的根根叶叶。这通常是在卖生草药。

“生草药”这个词，是清代广东番禺人何克谏首先应用的。何克谏生于明末，明亡后隐居入山，研究药材，岭南诗人陈恭尹赠诗说他“千峰采药散比间”（《寿何克谏》），为民众服务。他采的药，有很多系“《本草纲目》未有所载”，且“多属粤东土产”，寻常医生不识，但“其效胜似岐黄妙术”。为了推广，何克谏写了一本《生草药性备要》，首次总结广东民间的草药经验。他记的生草药的名称，像什么痴头婆、过山风、鹅不食，一听就很有广东民间色彩。记载功效时也用了不少地方口语，像说珍珠草“味劫”（味涩），磨盆茶治“扭肚”（肚痛），白花丹“治痾”（治泻），黄花雾可以“埋口”（伤口复原）。这些词非得用粤语来读，意思才清楚。

卖草药在各地都有，有日本人曾说卖草药是一种“下贱的行当”，“现货一旦卖完，更又去路旁或墓地采来卖。大概再也找不到这种不要资本的行当了”（《游蜀杂俎》）。但也正因为价廉实用，所以广受民众欢迎。何克谏开生草药研究之风后，在广东后继者不少，民国学者胡真说：“为节省费用计，莫若采取山草药治病，其为合于经济者欤！”（《山草药指南》）虽然价廉，但销量大，广东生草药业发展得很有规模。晚清广州有所谓“药业八行”，即经营不同药材品种的药店行业组织，其中就有“生草药行”，与卖人参和鹿茸等名贵药材的“参茸幼药行”、卖蜡丸成药的“膏丹丸散行”等并驾齐驱。

医生如果熟悉生草药材，对生意大有帮助。欧阳山的小说《三家巷》中，有个人物叫郭寿年，是广州一个医生，“在珠江南岸的河南大基头同福西街，开了一间‘济群’生草药铺子”，“自己又会采生草药，又会医人，生意倒也不错”。生草药的“生”，主要是指新鲜，最多晒干以便保存，一般不做其他加工，所以“那郭掌柜早上出去采药，总要喝过午茶，半后晌才能回来”，要随时采摘以供应用。

在岭南，生草药并不是医生的专利，可以说妇孺皆识。它用一种特别的方式揳入人们生活，即合于饮食。何克谏记载的一些生草药用法很有特色。例如万年青治热咳、桑叶治“热眼”、淡竹叶清热利小便等要“煲猪精肉食”，黄茄根则“宜煲鸡肉食”，苦楝根“退热”宜“用二皮同片糖煲水”，小叶榕树蕊“治赤眼”的用法是“煲粥冲食”，桑寄生、枇杷叶则可以“作茶饮”。看，煲汤、糖水、粥、茶……岭南哪样食俗都少不了生草药的影子。

相思难医

清代番禺潘兰坪，既是琴家、诗人，又是医生。他常与友人泛舟弹琴，“满江明月满江风，诗侣琴僧共短篷”，享受着“雅会人生能几度”（《以直月下乏舟鼓琴》）。不过那时泛舟珠江，恐怕经常会听到木鱼歌声，打扰雅兴。清人王渔洋《广州竹枝词》说：“潮来濠畔接江波，鱼藻门边净绮罗。两岸画栏红照水，蜑船争唱木鱼歌。”蜑船又叫疍船，木鱼歌是珠江水上疍家人喜欢唱的一种民间曲艺，与古琴相比，一个大俗，一个大雅，完全两个世界。

潘兰坪听熟木鱼歌，没想到可以帮助诊症。一次他给一位官夫人看病，这位夫人刚接到家书，久在京城的丈夫谋到官职，要接她赴任。“夫人得喜信后，忽患喑症”，喑证就是声音沙哑，严重的会说不出话。请了许多医生都治不好。潘兰坪去看，先问起因，夫人说：“偶因夜坐看木鱼书劳神，明早即觉音破耳。”潘兰坪见其他医生开的都是止咳化痰药，他便开了一剂滋阴药，结果治好了。别人问道理，潘兰坪说，这个病的诱因是木鱼书，“夫妻契阔数年，一旦相聚有期，谁复无情？况夜静独坐，倍易触拨情思。且我粤之木鱼书多艳为男女之私，以过去之情，感未来之情”（《评琴书屋医略》），虚火上炎，所以导致喉咙声哑。

木鱼书是木鱼歌的文本，不但内容多为男女私情，而且文字有时近乎“咸湿”，这正是俗文化的特点。比较好的木鱼歌作品有《花月笺》和《二荷花史》，都是情爱故事。《二荷花史》里也讲到男主角相思成病，“唔系哭时就系笑，颠颠倒倒得人狂”，有人出主意：“但凡人染相思病，医治从来无药方。只就从佢嗰个相思个，求她着睡汗衣裳，取去就时煎水饮，真系好过仙人活命汤。”后来果然将汗衫“偷畀我哋来煮水，饮敲才得醒神魂”。像这类故事写情细腻，动人情怀，金武祥《粟香五笔》说：“粤中木鱼歌声最凄咽，客中闻此，百感顿生。”伤心人别有怀抱，勾起心事，情绪低落便有可能生病。

相思病用汗衫煎水治疗当然是虚构，至多算是心理治疗。那么医生真的“从来无药方”吗？清代名医陈士铎说：“夫相思之症，原不必治，遇情人而郁开矣！然而情人何易急得，医道岂竟无他治哉？”他一番探究后说：“欲治相思之病，宜统以心肝脾胃四经治之，治此四经，多有得生者。”原来医生的责任，只是帮人把命留住，不致像《红楼梦》里的贾瑞，中了凤姐相思局后，百症交作而死。陈士铎说用药后，“倘更加人事之挽回，何病之不可愈哉”（《洞天奥旨》）。问题是，人事若可以挽回，也不会相思成病了。

◉清丹桂堂《新刻评点第九才子二荷花史》插图

虚不受补

如果觉得身体疲劳，但吃点补药又上火，广东人就会说：“虚不受补”，去买点“清补凉”煲汤啦。

“虚不受补”这种说法，是在好补成风的明朝开始流行的。明代温补派名医张景岳说：“凡虚损既成，不补将何以复？而有不能服人参、熟地及诸补之药者，此为虚不受补。”（《景岳全书》）另一个名医李中梓说：“虚劳证，受补者可治，不受补者不治。”（《医宗必读》）看来这还是个大问题。不过“不治”是指虚劳重病，“惟胃气绝者不受补，则不可救矣”（《医医病书》）。普通人并不至于“胃气绝”，如果体质虚不受补，可以另想办法，“清补凉”就是适合岭南人特点的良方。

清代名医吴鞠通归纳说，“虚不受补”有三种情况。第一种是“湿热盘居中焦”，“宣化其湿，即受补矣”。广东“清补凉”里经常用薏米、凉粉草、芡实、赤小豆、扁豆等化湿又不伤脾的药，就起这个作用。

第二种“肝木横穿土位”，指肝气不舒，影响脾胃吸收。《红楼梦》里林黛玉有这个问题。黛玉身子弱，一直吃人参养荣丸等，但收效不大，有次精通医理的宝钗去探望她，说：“我看你那药方上，人参、肉桂觉得太多了，虽说益气补神，也不宜太热。依我说，先以平肝健胃为要，肝火一平，不能克土，胃气无病，饮食就可以养人了。”广东“清补凉”就通常配淮山、党参、红枣等平和健脾的药材，而不会用人参、鹿茸等燥热药。

第三种是“误伤胃气”，这要分阴、阳。胃阳伤用陈皮、半夏，胃阴伤宜“和以鲜果汁、甘凉药品之类”（《医医病书》）。“清补凉”中常用药材也有石斛、沙参、玉竹、百合等，广西、海南等地又喜欢加西瓜汁、椰汁等，正是起滋阴清润的作用。

所以，“清补凉”是一种有常法而无定药的岭南习俗，药店出售的药包成分不尽相同，对调节人体疲劳状况都有一定帮助。但实际上它“补”的力量并不强。身体确实虚弱的人要避免“虚不受补”，另一个办法是注意时令。清人陈廷儒说：“夫虚人决无不受补之理，要有不受补之时。时可补则补之，补自有功；时不可补而补之，补反为害。”（《诊余举隅录》）在广东，秋冬季节湿热之气少，就是进补时机。

晚清时著名翻译家林琴南记载说，光绪皇帝“末年疾甚，诏各省进医”，他的朋友力钧奉命进御，慈禧太后坐在旁边，“力钧跪而请脉，良久，起奏太后曰：‘皇上圣体虚弱，须进补剂。’太后严色云：‘若知虚不受补否？’钧复奏：‘少进毋妨。’太后云：‘汝慎之！’钧谨诺而退，汗浃背矣”（《石屋余渖》）。慈禧这是借“虚不受补”的说法阻止医生给光绪治疗，该补不能补，光绪日益亏虚，最终病死。

广东人参

人参是中国传统补药，主产于东北。明清时“闯关东”到东北采参的人非常多，以至后来清廷规定采参人要领取“参引”，凭证才能进山，以控制收采。社会对人参需求量很大，清李绂《人参考》说：“今世好服人参，京师尤甚，价倍兼金，愚者破家买服。”后来过度收采导致东北人参产量锐减，才使高丽人参借机流入中国填补需求。

广东是不产人参的。但黄遵宪《日本国志》记载，日本曾“禁广东人参进口，曾焚四百五十斤参于商馆门外”。这是怎么回事呢？原来日本人认为广东人参是假人参，但并不知道是什么。有个叫原昌克的说：“世有称广东人参者，往年官禁不许市卖，盖以其非参类也。近禁渐开，得货之人多贵重之，以为胜韩种人参。”（《丛桂偶记》）他拿去请教在日本的荷兰医生，“皆不识之，只指广东人参曰‘亚墨利加’”，听来不知所云。原昌克怀疑是中国南方生长的形似人参的三七。其实荷兰医生给他“贴示”了，是他没听懂，另一个西洋医生说得更清楚：“贵邦称广东人参者，原出北亚墨利加玉儿，古西土谓之亚墨利加人参。我曹得而致之广东。”（《痘科辨要》）“北亚墨利加”即北美洲，所以“广东人参”，其实是西洋参，又叫花旗参。

西洋参完全是外国人为了赚中国银子而开发出来的。1701年，有个法国传教士见中国人参这么好卖，专门去东北考察，详细绘图，寄回国内，并推测经纬度和环境与东北相近的加拿大可能会有此植物。法国人拿着图去那里给印第安人看，果然找到了近似品种，于是大量收购，转卖到中国。由于销路好，使得北美出现一股“挖参热”。这种参大量出口到广东，当时广东人以为产自佛兰西（法国），叫它“佛兰参”。日本又从广东进口，因“此药广东人甚贵重之，以货换之，再转鬻我邦，故邦人谓之广东人参”（《痘科辨要》）。

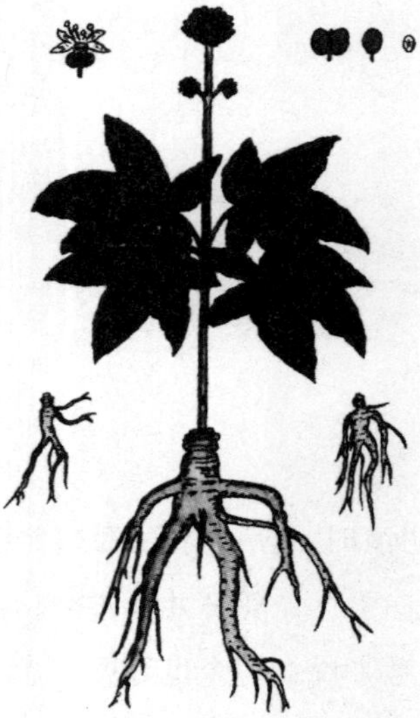

◉波兰来华的传教士卜弥格（Michel Boym，1612—1659年）画的人参图（取自《卜弥格文集》）。卜弥格父亲是医生，他到中国后在澳门、广州一带活动，并第一次将中国的中医、中药系统地介绍到了西方

实际上西洋参与中国人参只是形似，并非同种，所以一经使用，就发现两者功效不同。《本草备要》说西洋参“补性轻，降性重”，“生津液，除烦倦，虚而有火者相宜”。它与人参的区别，清末广东小说家吴趼人的《近代社会龌龊史》中有个例子可以说明。书中龙中丞女儿得病，医生开了吉林人参为主的十全大补汤，然而吃药后病人“脸色转红，上下唇焦黑，闭着眼睛，有出气没进气的乱喘”，后来另一个医生“叫人快取生萝卜、生葱捣了汁来灌下去”，“用萝卜解了人参，生葱破了肉桂”，病人这才好转，然后“又喝了点西洋参，觉得神气略清”。同样是参，用法与效果大不一样。一般来说吉林参偏燥，而西洋参清凉，后者更适合于“虚不受补”者以及南方炎热环境。

寒底热底

寒底、热底，这是广东人嘴边经常挂着的词，意思是说体质偏寒或偏热，吃什么东西都得顾着这个“底”。像虾、蟹、鸡、鸭之类，都要分体质来吃。清代广东茂名籍医生梁玉瑜说，蟹“热人食则宜，寒人食则无益”；虾则“寒人食宜，热人食不宜”；乌骨鸡甘温，“血气虚寒者尝则救补，实热者尝则损毒”；乌骨鸭滋阴，“脏腑实热者尝则救补，虚寒者尝则损毒”（《医学答问》）。

甚至主食米和面都有讲究。南方多吃籼米，《广东新语》说籼米“气味清芬，性温无毒，最可以和脾养胃”，而北方的粳米“白者凉，食之生痰”。另外南方人为什么不爱吃面？——“广人以面性热，不以为饭”。

体质和用药有寒、热之分，这是有道理的。清代曾在广东当医生的章楠说：“若人身中阴旺则多寒，能受热药；阳旺则多火，能受凉药。”（《医门棒喝》）药食同源，但食物毕竟是日用之物，有必要像吃药那样小心吗？很多外地人来到广东，对这种讲究很是奇怪，甚至不耐烦。不过呆久了，慢慢就发觉有道理，因为不跟着做，健康就容易出问题。

为什么呢？古代的阴阳理论说，岭南是阴阳交接的地方，阳气极盛，阴气初生。中国文化最怕“极”字，凡事到了顶点就容易生害。人的体质有偏凉偏热的区别，适宜吃相反的东西。本来食物比较平和，偶尔吃得不对身体也能自行调节。只是在岭南环境里，人体经常积聚湿和热，身体调节功能常年运转，负荷接近极点，一个不小心，可能就成为最后一根稻草，身体出状况了。所以岭南人那么注意辨别寒底热底和食物性味，都是环境使然。

不过，寒底、热底只是普通人的说法，在医生眼里并没那么简单。明代名医张景岳说，岭南“阳气外浮之乡，必内多真寒而外多假热”。除了真寒假热，岭南还常见内寒外热、上热下寒等复杂情况，这些就得交给医生来调理才行。另外，寒底或热底也不是一辈子的事，会随环境、年龄等而改变。梁玉瑜生在茂名，长年在新疆为官，晚年返回家乡，他深有体会地说："阴阳往复，否极泰来，人身脏腑血气，久之亦有变更……余一生脏腑之变，已经四次。"年轻时吃不得辛辣热食的人，上了年纪可能就不怕了。有人去看医生，见开的处方里有一两味跟自认为的"寒底"或"热底"不合，就不肯吃，这样不对。梁玉瑜告诫："善卫生者，切勿以素寒、素热、素虚、素实之私见存于胸中。"

也有不同体质都适合的饮食，梁玉瑜最推荐瑞鸽汤："每年夏至、冬至、端阳日，宰三冬瑞鸽熬汤，漂盐调淡味……寒热虚实人均宜。"（《医学答问》）

新会陈皮

广东三件宝，陈皮、老姜、禾秆草。这里排第一的陈皮，是橘类果实的皮，本来叫橘皮，但古人说“陈者为良”，即放得时间越长越好，所以叫陈皮。广东人煲汤，陈皮是最常见的佐料之一。香港作家李碧华说：“一煲好汤，当然得真材实料——但，它的窍门是一片最好的陈皮。”（《陈皮物语》）

橘类包括柑、橘、橙等，分布很广，古人认为岭南出产者为佳。汉代岭南交趾有专门负责种橘进贡的官员。东汉杨孚《异物志》说：“交趾有橘官一人，秩三百石，主岁贡御橘。”唐代则以“罗浮柑子”出名，列为贡品。《太平广记》里，术士就以千里取罗浮柑子来炫耀：“先朝有明崇俨，善于符箓，常取罗浮柑子，以资御果。万里往来，止于旬日。”

到了南宋，韩彦直著《橘录》，品评天下橘子，却认为温州橘才是上品，“南出闽、广数十州，皆木橘耳，已不敢与温橘齿”。是否如此，见仁见智。但在橘皮方面，明代时药材铺就开始只认“广陈皮”为正宗。以前橘皮入药，只说产自南方，并没有说哪里最好。而明代《本草蒙筌》说，橘皮“浙郡俱生，广州独胜”，《医宗必读》也说：“广中最佳，福建者力薄，浙产便恶劣矣。愈久愈佳。”广东陈皮的品牌已经树立起来了，地方志中说，陈皮于“粤中药材，称为第一”（《潮阳县志》）。

到了清代，新会陈皮又成了广陈皮的代表。乾隆《广州府志》说：“橘皮入药以广陈皮为贵，出新会者最良。”新会陈皮为什么这么出名呢？其实跟当时新会的支柱产业有很大关系。新会最有名的产品是葵扇，那时行销全国，而葵扇经销商往往顺便经营陈皮，“（葵）柄次皮可为绳，以缚陈皮往外省”（《广州府志》），这种捆绑营销在全国打响了新会陈皮的名头。于是“（柑橘）种植者千百株成园，每岁大贾收其皮，售于他省。才过岭北，其香转胜，

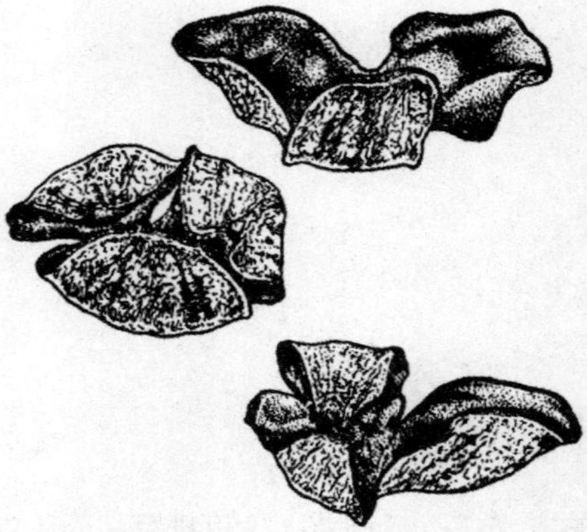

◉广陈皮图。取自《中药鉴定学》（1977年）

其利最溥”（《新会县志》）。

广州人又把陈皮叫果皮，《潮涟乡志》说：“凡果之皮，以柑为尤佳，故特名果皮。而果皮又以新会皮为尤佳。”不是新会产的当然也可以用，例如岭南人家吃普通柑子也会将皮留下，晒干煲汤，这按李碧华的说法是“聊胜于无”。若有这习惯，剥皮时要留意了。屈大均《广东新语》说：“凡食柑者，其皮宜阳擘，不宜阴擘。阳擘者自上而下，下者蒂也。阴擘自下而上，则性太寒，不宜入药。”就是说要从果脐开始剥，如果弄反了则会性寒哦。正宗新会陈皮还讲究“正三刀”或“对称二刀”的专门刀法，一律剥成3片，这也是值得保护的非物质文化遗产。

狗肉是非

屈大均《广东新语》记载："谚云：冬至鱼生，夏至狗肉。"吃狗肉之俗在岭南历史悠久，清末《时事画报》载"粤讴"（粤语歌谣）说："大餐只有两趟，冬至食过鱼生，又到夏至，正有狗肉香。狗肉纵唔得食，捞啖汁亦心头爽。"为什么夏至食狗肉呢？清人陈坤有诗："日方长至一阴生，浊气乘时律不清。"注云："夏至日磔犬烹食，以辟阴气。"热性的狗肉可以在夏至一阴生时"辟阴气"，为此有的还加大辛大热的附子、天雄等同煲。岭南长年都有食狗肉的摊档。民国华侨作家黄谷柳的《虾球传》里，虾球来到广东沙溪，见到一列数十家狗肉店，"女招待在店内娇声嚷叫：'食香肉的请进！'虾球看见那些吊挂起来的腊狗，涂得油亮亮的"。

现代很多人养狗做宠物，强烈反对食狗，对不同意见者饱以老拳有之，要求立法禁止有之。其实这些以前都出现过，只是理由各不相同。像宗教通常讲报应，如说"食狗肉，为狗所吠。佛言不食狗"。清代《北东堂笔录》有这样一个故事，粤东将领徐星溪，"性嗜狗肉，厨中无日不烹狗……所过辄有群狗嗥之"。一次吃了狗肉后，"登天游观，甫入殿门，瞥见金光一道，仆地不语……气已绝矣。观中道士蔡元莹曰：'此座上王灵官显威也。凡食狗肉者，从不敢入此殿。'"

北宋禁食狗肉的理由最强。《曲洧旧闻》载，宋徽宗即位，"范致虚上言：'十二宫神，狗居戌位，为陛下本命。今京师有以屠狗为业者，宜行禁止。'"徽宗笃信道教，生肖属狗，于是采纳建议，"禁天下杀狗，赏钱至两万"，范致虚获得重赏，拍马屁大有收获。

也有因爱狗而不肯杀狗的，如元杂剧《杀狗记》中，王婆拒绝院君买她的狗来配药说："这狗子从小养成，割舍得害他一命？院君休得把人轻……自从我丈夫死后，他就似我老公一般，夜间又与我护脚，早晨间没柴烧面水，他就与我舐脸，晓得人事，为此不舍得。”民国《涡阳县志》说：“县人蓄犬，皆用以守夜，间有以犬作猎，并无杀犬而食者，亦风俗渐变仁慈之证。”

针对狗肉有益之说，有人则从卫生的角度来反对。宋代周守中《养生类纂》说“吃狗肉人减克年寿”。民国时广州市卫生局下过禁令，称“狗肉燥烈，对于卫生，极为不合”，且“宰食狗肉，向干禁例”，“于夏至日，督员严行巡察。如有故违，定必拘案究办”。但是千百年下来，说的尽管说，吃的还照吃，谁都没有绝对理由说服双方。从医学角度，只好建议要注意利害，以一种狗肉酒为例，古人说：“狗肉酒大补，然性大热，若阴虚人及无冷病人，饮之成病”（《说郛》）。

中国肉桂

袁世凯复辟帝制，全国声讨声浪高涨，令他忧愁成疾。“某中医开方，内有肉桂两钱，但慎重而言曰：‘肉桂须选极佳者，不可以中下品充数也。’”袁家派人去药铺购药，去的人哪懂分辨肉桂好坏，“乃责令药铺遍献所藏肉桂，携回以备医者检验”，“择总统府某处为检验肉桂之所，堆积千数百支，而所用者不过二钱耳”（《八十三日皇帝之趣谈》）。袁世凯皇帝谱摆得十足，可是肉桂还是救不了他的命。

不过医生并没有骗袁世凯，不同等级的肉桂，功效确实差别很大。肉桂主产岭南，广东、广西和越南都有。《岭外代答》说：“南方号桂海，秦取百粤，号曰桂林。桂之所产，古以名地。”岭南所产的肉桂气味足，如果“移植于岭北，则气味殊少辛辣，固不堪入药也”（《图经本草》）。什么样的肉桂是上品呢？《本草求真》说：“桂出岭南，色紫肉厚，体松皮嫩，辛甘者佳。”味道不光是辣，还要有甘味。达到这种要求的，按清代赵翼说安南肉桂最好：“肉桂以安南出者为上，安南又以清化镇出者为上。粤西浔州之桂，皆民间所种，非山中自生长者，故不及也。”（《檐曝杂记》）明清时肉桂一直是安南朝贡的贡品。但由于多年砍伐，产量已少，据说“安南人先向浔州买归，炙而曲之，使作交桂状，不知者辄为所愚”，拿广西肉桂来冒充作贡品。

清中期梁章钜介绍上品肉桂说：“其油饱满，其皮不及分，稍触之，油即溢出，所以称为肉桂。”但极难得见。有个朋友荷包藏一小块，油纸包着仍满座闻香。恰好有个人打呃两年多不止，他“乃出荷包中所藏，自以小刀削下约四分许，以开水冲半杯令服之，须臾噎声顿止”，再服两次，“旧疴顿失矣”。但梁章钜任官广西历年操办贡品，一直买不到这么好的。因为不一定厚的就好，“红油、紫油者，虽厚亦不佳，惟以黑油者为上品，盖黑油能滋阴入

◉波兰传教士卜弥格画的桂皮。他指出，桂皮的拉丁文cinnamomum原意即“香甜的中国树皮”

肾，以收引火归源之功……红油、紫油者，其味必辣，惟黑油则甜润，此可立试而辨也”（《浪迹丛谈》）。

肉桂除了入药，还可用作香料、调味料。宋代岭南肉桂已经广泛外运，“今桂产于钦、宾二州。于宾者，行商陆运致之北方；于钦者，舶商海运致之东方”（《岭外代答》）。它随丝绸之路远播海外，被西方人称为中国肉桂，也叫广州肉桂，以区别于锡兰肉桂。按法国学者研究，锡兰肉桂其实是因为中国肉桂不足才开发的代用品。哥伦布航海到达新大陆，他写报告却认为到达了东方，原因是他说在这里找到了大黄和肉桂，而这两者正是那时中国商品的代表。

凉茶寻源

“广东三件宝”有多种版本，其中一种是：烧鹅、荔枝、凉茶铺。现在凉茶已经成中国一宝了，对凉茶起源的关注也多起来。

传统说法，清道光年间鹤山人王泽邦（又名王吉）为凉茶始祖，他在广州开王老吉凉茶铺为凉茶之始。但有人认为，晋代葛洪的医学理论应该是凉茶的渊源。又有人说，晋唐时光孝寺僧人用诃子茶待客，就属于凉茶。还有人检索古籍，明代医书《寿世保元》中，有个病人“喉间如烟火上冲，急饮凉茶少解”……

单看“凉茶”这个词，容易误解。以前有北方朋友说，一直以为凉茶就是凉的茶——《寿世保元》里的“凉茶”还就是这个意思，跟广东凉茶并无关系。而如果说理论之源，那就不止葛洪了，甚至可以从更早的《黄帝内经》算起。至于饮药茶的方式，也是从来就有，宋代已经很商业化地遍街摆卖，明清

◉晚清街上卖神曲茶包的人。在古代市面上一直有各种成药茶包出售。取自《中国三百六十行——美国皮博迪·艾塞克斯博物馆藏品》

◉晚清外销画中的广州靖远街。房屋比例颇为夸张，取自章文钦《广东十三行与早期中西关系》。这里是洋行汇集的热闹之地，王老吉凉茶铺最初在此街开业

时广州市面也一直有用传统中药配成的“午时茶”“神曲茶”之类药茶买。这些并不同于今天说的凉茶。

王泽邦创制的凉药，一大特点是完全应用广东生草药，像岗梅根、木蝴蝶、布渣叶、火炭母……很多是古代药书没有记载的。就地取材，成本低廉，这体现了凉茶的草根性。由于药性偏凉，所以叫凉茶。以前很少有人会标榜自己的产品有偏性，这不是局限顾客人群吗？但王泽邦在广州靖远街开铺，那里正是十三行繁华之地，搬运、苦力等工人众多。他们体质强壮，又长年在炎热天气下劳作，容易“上火”，没有时间和钱去看医生，就来饮碗煮好的王老吉凉茶，又便宜又清热，正适合他们。于是王老吉凉茶铺的名头，很快打响。

可见，王老吉的成功，是将民间的生草药经验，在特定的环境下转化为商业模式。后起的沙溪凉茶、石岐外感凉茶、廿四味、甘和茶等，也都是以生草药为主体。从特色和模式来说，王老吉称“凉茶始祖”可谓实至名归。不过后人为重其身价，说王老吉的名字甚至传入清宫，王泽邦奉旨赴京为文武百官煲凉茶，并受封太医令。这个传说不免偏离了凉茶的平民色彩，并且把北上的时间提早了150年。实则北方没有生草药材，而且清朝也没有太医令这个官职。

要注意的是，凉茶既然有偏性，就肯定不会人人皆宜。晚清郑观应刻《霍乱验方》一书谈香山凉茶时说，“余偶病外感，体本中寒脾虚，试服此茶，大伤元气，陡然增病”，“请诸名医考核，皆云似此草根木叶，尽属苦寒之品，虽经久煎，苦寒之性仍在，体坚壮者服之相宜，体虚弱者服之病当增剧”。好在现今走入千家万户的凉茶，已经改良了配方，变成药性相当平和的饮品了。

结栏语

南唐李后主、北宋赵佶这些皇帝，每每令人惋惜他们错生于帝王家。像宋徽宗，除了在政治史上是败笔外，在书画史、道教史甚至医学史上都是出色的人物。《圣济总录》就是一本以他的名义编成的医学巨著，里头用阴阳术数分析岭南环境，堪称经典："阳生于子盛于巳，阴生于午盛于亥，阳不极则阴不萌，阴不极则阳不芽，而广南位当巳午，则阴阳之气蕴积于此可知矣。"这段话得结合罗盘来看，把罗盘罩在中国地图上，岭南处于巳午方位，这儿是阳气极盛而阴气初生极不平衡的位置。这就是古代的"天道"。地理方面，岭南"四围之山，崇高回环，百川之流，悉皆归赴"。天地之理相合，"寒热之毒，蕴积不散，雾露之气，易以伤人"，结论是"瘴气独盛于广南"（《圣济总录》）。

这样的观念，笼罩了岭南上千年，一度成为开发岭南的阻碍。但山川未改，气候依然，岭南终究还是发展兴盛起来了。此间的过程，就如这里百期专栏所絮叨的，并没有什么英雄来改天换地，全靠民众一点一滴地积聚经验。诸如：

"春日宜饮芦根、茅根汤，夏日服金银花、夏枯草、霜桑叶代茶。"（《医学答问》）

"槟榔之涩，苦瓜之苦，葛根之息恶，粤人甘之若饴。"（《粤剑编》）

比神农更广泛地尝遍草木禽鱼，比其他地区的人更不惮烦劳地煮茶煲汤，如此铸就了岭南独特的养生文化。近代大批广东侨民出洋谋生，又将这种文化带到了全世界。梁启超1903年在《新大陆游记》中说："医生亦争利权之一法门也。西人有喜用华医者，故业此常是以致富。有所谓王老吉凉茶者，在广东每帖铜钱二文，售诸西人，或五元十元美金不等云，他可类推。""华医在美洲起家至十余万以上者，前后殆百数十人，现诸大市殆无不有著名之华医二三焉……所用皆中国草药，以值百数十钱之药品，售价到一金或十金不等，而其门如市，应接不暇。”这些华医多数是广东华侨。

人们说岭南人比较讲眼前实际，会不会是环境使人们更多将注意力放在摄生调理上，没空去管家国大事呢？若是，也非缺点。古代《吕氏春秋》里有个故事说：“尧以天下让于子州支父，子州支父对曰：‘以我为天子犹可也。虽然，我适有幽忧之病，方将治之，未暇在天下也。’”子州支父说我顾着调理身体呢，没空去管天下。对此，书中赞赏道：“惟不以天下害其生者也，可以托天下。”这未尝不是一种理念。回想起苏东坡在岭南时，曾慨叹无医无药，而近代广东已经成为中国医药输出的先驱，现代又成为凉茶“北上”的基地。在养生文化方面，岭南已经走向“天下”了。

摄养生命，在任何时代都是真正的刚需，它对岭南发展的驱动和对日常生活的影响，并不亚于政经文教的变革。结栏之际，时令已近中秋，岭南照旧季节不分明，“秋老虎”热如暑天。斩料煲盅“二味泻脾汤”吧，“老乌骨鸭一只，去尾与老冬瓜（白粉色者）同熬”（《医学答问》），解暑又清润呢。

（2013年9月）